「あの人がいるだけで会社がしんどい……」がラクになる

職場のめんどくさい人から自分を守る心理学

井上智介
Tomosuke Inoue

日本能率協会マネジメントセンター

はじめに

今、あなたは職場での人間関係に悩んでいるのではないでしょうか。その相手は上司や同僚のように身近な人であったり、もしかしたらお客さんかもしれませんね。彼らは、総じてあなたにとって〝めんどくさい人〟と言っていいでしょう。

私たち人間は、自分ではコントロールすることができないものにストレスを感じます。その代表例として、「他人」があります。その他人は、あなたにとって、いつでも心地よい関係だとは限りません。少しでも自分が快適に過ごせるように、「相手に変わってほしい……」と望むこともあるでしょう。

しかし、実際には相手を変えることはとても難しいことです。あまりにも苦しい関係であるならば、逃げ出してしまったほうがいい時もたくさんあります。

とはいえ、職場での相手となると、そんなに簡単には距離がとれなかったり、すぐに逃げ出すことができませんよね。

だからといって何もアクションを起こさずに、あなたがずっと我慢をし続けるのは、そのまま負担がかかり続けてしまい、いつかあなたがダウンしてしまうことになります。私はそのような人をたくさん診てきました。

申し遅れました。私は精神科医で産業医の井上智介と申します。

精神科医として外来診療を行いながら、毎月30社以上の会社を訪問する産業医としても活動しています。そこでは、たくさんの人の悩みを聞くのですが、中でも人間関係の悩みは圧倒的に多いです。

職場の人間関係で苦しむのは決して珍しいことではありません。どうか「自分は社会不適合者なんだ」のように感じて落ち込んだりしないでください。

ただ、そのような人の特徴として、〝めんどくさい人〟とも真正面から向き合おうとして、余計に心が折れてしまうのです。だから、次第に会社に行くのが怖くなったり、相手の顔色をうかがうようなストレスフルな毎日になってしまうのです。

そこで本書では、自分の心を守りながらも〝めんどくさい人〟と、どのように向き合っていけばよいかをお伝えします。

それは、私が普段から診察などの場面で患者さんに教えており、実際に効果がある数々の方法です。

もしかしたら、「特殊な方法では？」と心配する人もいるかもしれません。

しかし、いざ聞いてみると、決して難しくなく、ちょっとしたコツのようなものなのです。〝めんどくさい人〟にどのような心理背景があるかを知り、あなたが考えや振る舞いを変えてみるだけで、ずいぶんと居心地がよくなることに気づくでしょう。

人間関係というのは、個別性が高く、相手によって態度や距離感は変わってきますよね。そこで本書では、いろいろな相手別にパターンを分けて、より有効な方法をお伝えさせていただきました。

今も、会社に行こうと思う時だけでなく、休日でさえ〝めんどくさい人〟の顔がよぎってつらい思いをしているのではないでしょうか。

「あの人のことはどうにかしたいけど、どうすればいいか分からない……」という悩みを一緒に解決していきましょう。

少し人間関係の見方を変えるだけで、あなたは自分で自分を守ることができるのです。これからはもう傷つかなくて、大丈夫ですよ。

令和3年12月

井上智介

もくじ

第1章 仕事の悩みは人間関係が8割

第2章 苦手な上司から自分を守るコツ

第3章 困った部下への接し方

第4章

同僚に振り回されないためには

第5章 理不尽なお客様、取引先への対処法

第6章 ストレスをためないメンタルセルフケア

第1章

仕事の悩みは人間関係が8割

避けたいけど避けられない！ 職場の人間関係

自分に都合の悪いことは無視する上司、失敗した時に言い訳ばかりする部下、噂や陰口が大好きな同僚、理不尽な要求を突き付けてくる顧客……。

本書を手に取ってくださったあなたの周りには、こうした「めんどくさい人」がいるのではないでしょうか。

厚生労働省が発表した「平成30年度 労働安全衛生調査（実態調査）」によると、職場のストレスは3つに分類できるとされています。

それは「仕事の量」「仕事の質」「人間関係」です。

私は産業医として1万人以上の方々のご相談を受けてきましたが、3つのうち仕事の量や質で悩んでいる方は非常に稀です。

なぜなら、仕事の量や質は、周囲に相談することで配慮してもらいやすいため、産業医に頼らずとも解決できる場合が多いからです。

それに対し、解決が難しく、長期間苦しんでいる方が多いのが人間関係です。

「仕事の悩みの8割は人間関係」とも言われるほどですが、なぜ職場の人間関係で悩んでいる方が多いのでしょうか。

それには2つの理由があります。

- 相手がいることだから、簡単には変えられない
- 人間関係が固定化しているから

人間関係は、仕事の量や質のように目に見えない分、上司に相談しても個人的な問題とみなされる場合がほとんどです。

そのため、「相手を変えようと努力したのですが……」とおっしゃる方もいます

が、ダイエットしよう！　と決意してもすぐ揺らいでしまうことがあるように、**そもそも人は簡単には変われません。**

周囲の協力を得ようにも、すべての人の要望を聞き入れていたら組織として成り立たないという会社の言い分もあり、「1人のために配慮することはできない」と結局スルーされてしまうことが少なくありません。

さらに解決を難しくしているのは、人間関係が固定化していること。

社員数10名以下の企業はもちろん、比較的規模が大きい会社でも、部署内で人間関係が完結していて苦手な人を避けられないのが現実です。

企業によっては、1度であれば部署異動の要望を聞き入れるという制度を設けていることもありますが、本人が希望する仕事ができるか、異動先の人間関係がうまくいくか分からないといったリスクもあります。

このような理由から、職場の人間関係によって悩み続ける人が多いのです。

めんどくさい人には5つのパターンがある

ただでさえ解決が難しい職場の人間関係トラブルですが、その中でも「こういう人はちょっと気を付けたほうがいい」という「めんどくさい人」が存在します。

次の5つのタイプにあてはまる人があなたの職場にいないか、チェックしてみましょう。

❶ 悪口、陰口ばかり言う人

誰かに対する不満をつい口にしてしまったり、時に批判することは、誰にだってあることです。

ここで言っているのは、常に誰かの悪口や陰口を言っているような人のこと。

たとえ自分が悪口を言われる立場ではないとしても、毎日顔を合わせて付き合っていくには疲れますし、時にはあなたが共犯者のように扱われてしまうことも。

こういう人は要注意人物です。

❷ことあるごとにマウンティングしてくる人

自慢話ばかり聞かされたり、逆に自分を卑下するような発言を毎日聞かされる。あるいは、あなたの話を遮って「そんなのまだマシ！　私なんて……」などと話し始める。

こうした行動が習慣化している人と毎日顔を合わせなければならないのは、かなりのストレスを感じますよね。

❸ハラスメントをしてくる人

最近はハラスメントに対する意識が高まってきたものの、無意識にデリカシーのないことを言ってくる人はまだまだ多いのではないでしょうか。

さらにタチが悪いことに、このタイプは相手が傷ついていたり、不快な思いをしていることに気づいていないことも。

めんどくさい人の中でも、周囲が最も苦痛を強いられるタイプだと言えるでしょう。

④ むちゃぶりしてくる人

「むちゃぶり」という言葉の響きゆえなのか、深刻な問題として捉えられないことが多いこのタイプ。

しかし私は、むちゃぶりはハラスメントに近い行為だと考えています。

なぜなら上司・部下といったパワーバランスを利用して、無理な要求をしている場合がほとんどだからです。

そういう視点で見てみると、案外周囲に多いタイプなのではないでしょうか。

⑤ 責任を押し付けてくる人

このタイプも、よくいる典型的なパターンでしょう。

上下関係を利用したり、同僚であっても、おとなしい人に責任を押し付けて自分

を守るという人は、残念ながら一定数います。

責任を押し付けても大丈夫な人物だと思われないよう、自衛しなくてはなりません。

いかがでしたか。

このような人たちが職場にいると、周囲が嫌な思いをするだけでなく、チームの雰囲気まで悪くなってしまうこともありますよね。

実は、こうしためんどくさい人に対する最も簡単で効果的な対処法があります。

それは「距離をとること」。

「君子危《あや》うきに近寄らず」と言いますが、めんどくさい人にはかかわらないことが一番なのです。

これは、めんどくさい人とかかわる上での黄金律とも言えると思います。

しかし、職場では距離をとることができないこともありますよね。

そのような時にはどうしたらいいのでしょうか。

「めんどくさいけど避けられない」人とどう付き合うか？

私たちは、めんどくさい人たちに対して「変わってほしい」「その悪い癖をなおしてほしい」と思いがちです。

しかし、こうした人たちとの人間関係においては、「こちらは正しいのだから、相手に変わってほしい」と本人に伝えても、相手が変わることはまずありません。時間とエネルギーの無駄になるばかりでなく、最悪の場合、関係が余計にこじれ、さらにあなたが傷つく結果になることもあるのです。

それでは、どうすればいいのでしょうか。

相手を変えられないのなら、自分が変わるしかない……と思いますか？

たしかに自分が変わることは大切ですが、その前に重要なのは、相手がどういう人なのかしっかり知っておくことです。

人は、未知のものに対して恐怖心を抱きやすいものです。めんどくさい人たちは、ただでさえ要注意人物なのに、相手のことが分かっていないと、恐怖を感じて頭が真っ白になり、結果としてうまく対処できないことになってしまいます。

どんな人にも、ある程度適応能力があります。過去に同じようなタイプのめんどくさい人とかかわったことがあれば、「またこのタイプか」と精神的な余裕ができるように、相手のことが分かっているだけでも対応は変わってきます。

めんどくさいけど避けられない人から自分を守るには、まずは彼らのパターンを知っておくことが重要なのです。

めんどくさい人の思考・行動パターンを知る

それでは、5パターンのめんどくさい人について詳しく分析していきましょう。

❶悪口、陰口ばかり言う人

この人たちの特徴は、「平等であることを人一倍意識している」という点です。

仕事の能力や営業成績、果ては容姿まで、何においても人より際立って優れている人が許せない。あるいは、彼らより「できない」とみなされた人にも極端な態度をとります。

皆の足並みを乱す人が許せない、皆自分と同じようにするのが当然だと考えているのです。

そのため、

「あの人だけ評価されるのはずるい」

「私がこれだけしんどいのだから、みんな同じ思いをするべきだ」

といった考えから、「あの人は裏でこんなずるいことをしている」などと陰口をたたくことで、気に食わない人の評価を下げようとします。


さらに注意しなければならないのは、彼らはあからさまに陰口を聞かせようとするのではなく、いかにも「貴重な情報」であるかのように話してくるという点です。

このような人がいたら、決して話を鵜呑《うの》みにしてはいけません。

何においても自分と同じレベルでなければ気が済まないだけでなく、歪んだ正義感で自分自身の承認欲求を満たしている人たちだとも言えるでしょう。

❷ことあるごとにマウンティングしてくる人

彼らは、「自分はすごい人間なんだぞ」「特別な人間なんだぞ」という自己顕示欲が抑えられずに周りにアピールしてくる人たちです。

たとえば、早稲田大学出身のこのタイプの人がいる職場に、東京大学出身の新入社員が入社してきたとします。

すると、自分よりも高い学歴を持つ新人の存在に劣等感が刺激され、追い抜かれるのではないかという不安から、自分が優れていることを見せつけるために相手を見下して傲慢《ごうまん》な態度をとる……。

これが、マウンティングをする人の典型的な行動です。

なぜそんなことをするのかというと、そもそもの要因は自己愛にあります。**自分自身を過大評価していたり、自分の能力を過信している**のです。

その反面、このタイプの人たちは、相手から称賛されないと自分の価値を見出すことができないという特徴も持ちあわせています。

不安と劣等感が強く、本心では傷つけられることをとても恐れているため、必要以上に周囲に自分のすごさを認めさせようとしているのです。

❸ハラスメントをしてくる人

ハラスメントとは、ひと言でいうと「相手が嫌がる行為」のこと。

このタイプの人は、マウンティングする人と近い性質を持ち合わせています。

今では数えきれないほどの○○ハラスメントという言葉が存在しますが、昔はハラスメントがなかったのかというと、そうではありません。

インターネットやＳＮＳの発達で、被害者たちの声が届きやすくなっただけで、昔からハラスメントは横行していました。

そのため、年配の方になればなるほど、「ずっと前からやっているけど」「今さらなぜ」という感覚が強く、大きな問題になっても「そんなつもりはなかった」という人が多いのです。

最近では身体的暴力にまで及ぶ人はかなり減っているものの、

「こんな簡単なこともできないの？」

「これだから最近の若い人は……」

「女性は愛嬌がないと結婚できないよ」

といったことを平気で言う人はいまだに少なくありません。

こうした無自覚な人たち以上に厄介なのが、明らかに相手を傷つけるために「相手が嫌がる行為」をするケースです。

産業医として、そうした悪質なハラスメント加害者に話を聞くこともあるのですが、明らかに嘘をついていたり、無責任な返答をされたことは1度や2度ではありません。

自己顕示欲、自己愛が強いだけでなく、相手がどう感じるかという共感性と想像力に欠けている人だと言えるでしょう。

❹ むちゃぶりしてくる人

むちゃぶりをしてくる人たちは共感性や想像力が乏しく、相手が何を嫌がっていて、何を求めているかが分かりません。

さらに、自分本位であるため、自分の都合のためなら周りの人が犠牲になることもやむを得ないと考えています。

これはもはや、ハラスメントの一歩手前だと言えるのではないでしょうか。

ただ、むちゃぶりがハラスメントと異なるのは、高圧的な印象はなく、恐怖心を煽《あお》られないということ。しかし、断れないという点ではハラスメントと同類です。

⑤責任を押し付けてくる人

職場によくいるこのタイプの人たちは、2つのパターンに分類できます。

まず、自分が怒られたり、**傷つくことを極端に恐れているパターン**。自分を守るために、自分でも気づかないうちに嘘をついたり、責任転嫁《てんか》している人たちです。

上司がこのパターンである場合、自信がないまま年功序列などで管理職になってしまい、さらに上の立場の上司から怒られるのが嫌で、部下に責任を押し付けている、というケースがよくあります。

そういう方たちに責任を押し付けていることを指摘すると、「えっ、そんなつもりは全然ありませんでした。すみませんでした」と素直に謝る方もいらっしゃいます。

一方、このタイプの中には、もう1つパターンがあります。

それは、**プライドがとても高く、ちょっとした成功体験から「自分が間違えるわけがない」と思い込んでいる人**たちです。

このような人たちは、「自分は間違えるはずがないのだから間違っているのは他人」という他責《たせき》の考えがベースになっています。

「成功は俺のおかげだけど、失敗はあいつのせいだ」と思っているため、周囲に責任を押し付けてくるのです。

めんどくさい人はターゲットを選んでいる

ここまででもうお分かりだと思いますが、職場のめんどくさい人たちは、とにかく自分本位。

意識的であれ無意識であれ、自分のせいで相手が傷ついたり、犠牲になることに無頓着《むとんちゃく》な人たちです。

残念ながら、このような特徴は周囲が働きかけて変わるものではありません。

このような人たちとかかわる上で最も重要なのは、**彼らのターゲットにならないよう自分の言動を変える**、ということです。

あなたにとっては信じがたいかもしれませんが、彼らはたまたま目の前にいる人をターゲットにするわけではありません。

自分にとって都合がよく、多少のことをしても声を上げないような人、問題にならないような人を選んでいます。

本書を手に取ってくださったあなたは、周囲から「いい人」と言われることが多いのではないでしょうか。

実は、めんどくさい人たちにとって、あなたのような「いい人」は絶好のターゲットなのです。

本書では、めんどくさい人のターゲットにならないための対処法を、上司、部下といった関係性や、シチュエーションごとに詳しく説明していきます。

選ばれない人になるために、ぜひ実践してみてください。

人間関係ははじめが肝心

まず、めんどくさい人に選ばれないためには、最初、つまり初対面の時が最も重要です。

「この人は標的にしても大丈夫そうだ」と思われ、関係が固定化してしまうと、その印象を覆《くつがえ》すのにはかなりの時間と労力がかかります。

ゼロから関係を構築し直すのは、とても難しいのです。

大切なのは、相手がどういうタイプなのかを早めに見極めること。

慣れていないと難しく感じられるかもしれませんが、**ここで意外と重要なのが「自分の直感」です。**

本書を手に取ってくださったあなたは、相手の言動や感情に人一倍敏感な人なのではないかと思います。
そんなあなたのセンサーが少しでも反応したのなら、まずはその直感を大切にしてみてください。

5パターンのうち、どのタイプの人かまでは分からなくても「なんかこの人ズケズケ来るな……」と感じたら要注意。
最初から他人のパーソナルスペースに踏み込んでくるような人は、次第にエスカレートしていきます。

なんとなく嫌な雰囲気を感じたら、最初から仲よくしすぎないようにしましょう。

こうお伝えすると、先入観で人を判断するのはよくないと思われるかもしれませんが、何も「冷たく接しましょう」と言っているわけではありません。
相手への敬意や礼儀は忘れてはいけませんが、最初から相手を100％信用し、不必要なことまで自己開示する必要はない、ということです。

初対面や出会って間もない時に、場の空気を持たせようと聞かれてもいない失敗談を話したり、プライベートのことを話したりしていませんか？

こうした自己開示は、気を利かせたつもりでも、めんどくさい人に自分から弱点をさらしているようなもの。

付け入る隙を与えてしまうことになります。

めんどくさい人たちは、相手の恐怖心、義務感、罪悪感を上手に刺激してきます。無意識にせよ、人を利用して自分の要求を通すことに長けている、危ない人たちです。

そうした人に、わざわざ自分から歩み寄る必要はありません。

本当に信用できる人だと分かってから自己開示をしても何ら問題はないのです。

また、上司や顧客だからといって、必要以上に自分を卑下するのも得策とは言えません。

嫌われることや商談が失敗することを恐れて相手の無理な要求に応えようとすると、「仕事ができる人だ」と思われるどころか、どんどん利用されてしまいます。

部下に対しても同様です。

いい上司だと思われたいという気持ちから、本来指導すべきことまで見逃してしまっては、部下になめられてしまいます。

もちろん、礼儀はわきまえていなければなりませんが、人として相手を尊重しようという姿勢はビジネスの基本です。

隙あらば相手を利用しようとする人たちのご機嫌をとる必要はないのです。

道徳心がある人には品がある

ここで、自分の直感を信じるのに抵抗がある方のために、言葉以外から見分けられる、めんどくさい人のシグナルをお伝えしておきましょう。
それは「品があるかないか」です。

ここでいう「品がある」とは、ただ上品ぶることではありません。

「品がある人」とは、自分の言動によって相手がどのような気持ちになるか想像することができる、相手への配慮を持って行動できる人のことです。

一見すると何の関係もないように思えるかもしれませんが、品というのは道徳心とかかわってきます。

たとえば物を乱暴に扱ったり、人の物を無断で使ったりする人は、ルールや常識を軽視していたり、周囲への配慮に欠けるとも言えるのではないでしょうか。

「自分はこれでいいけれど、相手にとっては不快かもしれない」と考えられる人たちこそ、品がある人たちなのです。

もちろん、人間ですから時には配慮に欠けることをしてしまうことはありますが、自分本位の行動かどうかは伝わるものです。

「品」を1つの基準として、相手を見てみましょう。

ターゲットにされやすい人の共通点

前項で、めんどくさい人はターゲットを選んでいるとお伝えしましたが、めんどくさい人に選ばれやすい人には共通点があります。

それは、**自分が犠牲を払ってでも相手との関係を平和に保ちたい、ことを荒立てたくないと考えている、**ということです。

人間関係に悩む人たちは善良で心優しい方が多いため、ついつい「少しくらい自分が傷ついてもいいから」と思いがちですが、めんどくさい人が相手だった場合、それではとことん傷つけられてしまいます。

まず一番に重要視してほしいのは、他人ではなく自分自身の心の平和です。

ビジネスの場で最も優先されるのは、仕事がきちんとできていること。

それさえできていれば、無理に仲よくなろう、嫌われないようにしようとしなくてもいいのです。


とはいえ、ついつい自分の気持ちよりも相手との関係を重視してしまう、という人もいるでしょう。

そうした方にお伝えしたいのは「**人間誰しも、すべての人に好かれることはできない**」ということです。


たとえば、100人の人がいるとして、全員から嫌われることは難しいと思いませんか?

100人のうちのたった1人に嫌われたとしても、残りの99人にも嫌われるわけではありません。

逆も同様で、そのうちの1人に好かれたからといって、残りの99人に好かれるという保証はないのです。
まずはそのことを頭の片隅に置いて、人とのかかわり方を見直してみましょう。

「自分のせいかな？」と考えすぎなくていい

犠牲になりやすい人のもう1つの共通点は、**さまざまな出来事を自分のせいと捉えやすい**ということです。

人というのは不思議なもので、明らかに相手が悪いと分かっている場合でも、強い姿勢でこちらが悪いと迫られると、つい「自分にも悪いところがあるのかな」「他の人ならもう少しちゃんとできたのかな」と思い、悩み始めてしまいます。

そこで、同僚などに相談すると、

「あの人はそういう人だから気にすることないよ」

とかばってくれることもあるかもしれませんが、逆に、

「あの人、少し変わった人だけど、そこまで嫌な人ではないよ」

と擁護《ようご》する人にあたる場合もあるでしょう。


しかしここで大事なのは、周囲がどう言うかではありません。

何度も言いますが、**めんどくさい人はターゲットを選んでいます**。

あなたなら多少無理な要求をしてもいいだろうと思って、そのように言っているのです。

「みんなは何も言われていないのに、私だけ言われるのは、私に非があるからなのでは」などと悩む必要はありません。


たとえば上司から「仕事に対する熱意や努力が足りない」と言われたとしましょう。

最初こそ「そんなはずはない」と感じていても、何度も繰り返されるうちに、「そういえば、日曜日に仕事に関することを勉強しようと思っていたのに、しなかったな」「昨日は休憩時間を長めにとってしまったな」など、「自分にも悪いところがあったな」と考えるようになった、という経験はありませんか。

冷静に考えれば誰にでもあることですし、本来であれば、休日や休憩時間の過ごし方が仕事の評価に影響することはありません。
ところが、**めんどくさい人に選ばれてしまうと、巧みにコントロールされ、どんどん自己否定に陥ってしまいます**。

日本人の性質として、他人を責めるより自分を責める人が多いのですが、なんでもかんでも自分のせいだと考えるのは、トラブルのもと。

時には「私のせいじゃない！」「私は間違ってない！」と開き直るような考えを持っていてもいいのです。

嫌な人間関係を変えるには？

ここまで、めんどくさい人に選ばれないようになるための基本をご紹介してきましたが、実はこれらのことだけではまだまだ甘い！

ターゲットにされないためには、**ずばり「腹黒い人」になることが重要**です。

人間関係で悩む人は基本的にいい人が多いため、腹黒い人になるというと抵抗があるかもしれません。

しかし、腹黒い人になるというのは、めんどくさい人にとって「何を考えているか分からない人」になることです。

そのような人になるポイントは3つあります。

まず1つ目は、他人の言うことを100%信じないこと。

「上司がこう言ったから必ずこうしなければならない」「こうしてはいけない」とがんじがらめにならないようにしましょう。

従順な人だと思われると、利用しようとする人が近づいてきてしまいます。


2つ目は、たとえ相手の社会的な立場が上でも、心の中では対等な視点で見る、ということです。

「そんなことしていいの⁉」と驚かれるかもしれませんが、これはあくまでも「心の中でだけ」です。

心の中では、自分の気持ちに正直になってもいいのです。


たとえば、上司のミスをあなたのせいにされそうになった時に、「この人は典型的なめんどくさい人だったんだな」と思ったとしても、それはあなたの自由です。

心の中は誰にも見えません。**心の中でまで、いい人でいる必要はない**のです。

先ほど、めんどくさい人とは距離をとるのが最も効果的とお伝えしましたが、相手を客観的に見ることで、精神的な距離をおくことも非常に重要です。

そして3つ目は、相手の言動に反応しすぎないこと。

少しハードルが高いと感じられるかもしれませんが、まずはむちゃぶりをされたり、責任を押し付けられても、できるだけ動じないように努めましょう。

動揺していていることが相手に伝わってしまうと、めんどくさい人の思うつぼ。話せば話すほど、揚げ足をとられて利用するヒントを与えてしまい、相手に有利な状況に持ち込まれてしまいます。

また、普段からニコニコしすぎないことも効果的です。

たとえば、あなたの周りで「あの人、顔は笑っているようでも目が笑っていないな」と思ったことはありませんか？

めんどくさい人と言葉を交わす時は、そのイメージを思い出して接してみてください。

ニコニコして楽しそうに話したりすると、めんどくさい人たちに「この人は利用できるのでは」と思われてしまいます。

ここまで、腹黒い人になるための3つのポイントをお伝えしてきましたが、これらを実践する上で重要なのが、「すべての人にそのような対応をする必要はない」ということです。

人によって態度を変えるということに罪悪感を覚えるかもしれませんが、めんどくさい人たちのほうが、平気で人によって態度を変えています。

何度もお伝えするように、**一番大切なのは自分自身が傷つかないようにすることです。**

自分自身をしっかり防衛できるよう、少しずつ練習していきましょう。

第2章

苦手な上司から自分を守るコツ

相性最悪の上司にあたった時にやるべきたった1つのこと

職場では、プライベートとは違って自分の意志で相性の悪い人を避けることが難しいことも多いですよね。

それが上司ともなれば、もやもやしたり、嫌な気持ちを抱えながらも、なんとかうまくやっていこうとする人が多いのではないでしょうか。

第1章で、めんどくさい人とは物理的な距離をとるのが最も重要だとお話ししましたが、自分の評価が下がるかもと思うと、できるだけ波風を立てないようにしたいという気持ちになるのは自然なことかもしれません。

ところが、心身の健康を考えると、それはベストな方法とは言えません。

無理して人間関係を保とうとするあまりストレスが溜まり、適応障害やうつ病を

引き起こすこともあるのです。

一度病気になってしまうと、回復にはかなりの時間がかかります。

そのような事態を避けるためにやるべきことはたった1つ、相談することです。

当たり前のことのように聞こえるかもしれませんが、ここで重要なのは相談する相手です。

まずは、相性がよくない上司の上役や、人事総務部に相談してみましょう。

人がいいあなたにとっては、こうした相手に相談することはことを大きくするようで気が引けるかもしれませんが、同僚間で悪口を言っているだけでは、一時的に気分がよくなったとしても、根本的な解決にはつながりません。

さらに、会社組織は従業員が長期間仕事を休むことを、大きな損失と考えます。

リスクを回避するために、配置転換や、第三者を挟んで指示系統を変えるなど、何らかの対策を打ってくれることも少なくありません。
1人で抱え込むよりも、具体的な解決につながりやすいのです。

また、もしあなたの会社に産業医が在籍している場合は、産業医を頼るのも1つのよい手段です。

いきなりハードルが高く感じられるかもしれませんが、あなたの状況や悩みを第三者視点で会社に伝えることができるだけでなく、産業医の意見は会社に受け入れられやすいというメリットもあります。

さらに、**原則として1社につき1度限りではあるものの、産業医の申し立てにより配置転換を希望することも可能**です。

黙っていては誰もあなたの状況に気づいてくれません。
大きな不調を抱えてしまう前に、合図を送るつもりで相談してみましょう。

めんどくさい上司から自分を守る3つのコツ
——①できるだけ反応しない

前項では相談することの重要性をお話ししましたが、相談しても解決までに時間がかかる場合や、協力を得ることが難しいこともあるでしょう。

ここからは、そうした場合に自分で自分を守る術を3つお伝えしたいと思います。

1つ目は、会話をする際にできるだけ反応しないようにすることです。

上司との会話で無反応なんて無理、と思われるかもしれませんが、反応しないといっても返事もせず、無表情で対応するということではありません。

ここでいう「反応しない」とは、**相手が求めていることを簡単に提供しない**、ということです。

たとえば、めんどくさい上司が「相づちを打ってほしそうだな」「同意してほしそうだな」という時に、適当に合わせてしまっていませんか？

たしかに、同意するそぶりを見せればその場をやり過ごすことはできるでしょう。
しかし、それを何度も繰り返しているうちに、相手はあなたの優しさにつけ込んで、どんどん要求をエスカレートさせていきます。

普通は、円滑なコミュニケーションは重視したいものですが、めんどくさい人たちに愛想を振りまいたり、逆に感情のままに対応することは上策とは言えません。

業務上必要な会話は、最低限のリアクションで十分です。
「打てば響く人」「何か言うと簡単に感情的になる」と思われたら、相手に利用するチャンスを与えてしまうのです。

とはいえ、急に態度を変えようとしても、今日、明日でスパっと変えられるわけではないと思います。

いつも愛想よく対応してくれたあなたが急に無口でそっけない返事しかしなくな

れば、周囲の人たちも「体調が悪いのかな？」と心配するだけでなく、最悪の場合、あなた自身への評価が下がることにもなりかねません。

そうならないようにするためにも、自分なりのステップを踏んで対応を変えていくことをおすすめします。

いきなり大きく態度を変えようとするのではなく、**毎日小さな目標を作って実践していくことで、徐々に反応を変えていく**のです。

たとえば最初は、「今日は上司が相

づちを打ってほしそうなところで、１回スルーする」などでも構いません。

こうしたことを毎日少しずつ積み上げて、最終的には、

「あの人なんだか変わっちゃったな。反応が薄くて何を考えているのか分からない」

と思われるレベルがゴール。

これまで誰にでも優しく対応してきたあなたにとっては勇気が必要だと思いますが、まずは小さなことからトライして、実行できたら自分を褒めてあげましょう。

他人に冷たくした自分を褒めることには抵抗があるかもしれませんが、**「自分を大切にできた」と考えるようにすると気持ちが軽くなるはず**です。

最近はオンラインで会議を行う場合も多くなりましたが、オンラインは対面よりも人との距離をとりやすいため、大きなチャンスです。

複数人が参加する場合は特に、あなたの反応ばかりが注目されているわけではあ

りませんから、よりチャレンジしやすいでしょう。

しかし中には、あなたが最小限の反応にとどめようとしても、話を振ってきたり、同意を求めてくる上司もいるかもしれませんね。

そのような場合も、基本は反応せずにおきたいところですが、難しい場合は相手の要求を100％受け入れないように心掛けましょう。

最初は相づち1回から始めて、受け入れる回数を減らしていってみてください。

それでは最終的にすべてに無反応になってしまうのでは、と心配になる方もいらっしゃるかもしれませんが、相手が求めることのうち、**最後の1つを満たしてあげるイメージで対応すると、後味が悪くなることも避けられます**。

そして、気を付けていただきたいのは、このような対応をするのは、あくまでもめんどくさい上司に対してだけでよいということです。

全員に対して無反応になってしまうと、それはただの無愛想な人。あなたの評価が下がってしまいます。

めんどくさい上司があなたの同僚に、

「あいつ、何を言っても分かったのか分かっていないのか、よく分からなくて仕事を振りにくいよね」

などと言ったとしても、

「そうですか？　私はあまり感じたことがありませんが……」

と答えてもらえるような状態がベストです。

めんどくさい上司から自分を守る3つのコツ
――②精神的に余裕がある印象を持たせる

めんどくさい人を前にした時、次のような対応をしていると、自信がなさそうに見え、格好のターゲットになってしまいます。

あてはまっているところがないか確認してみましょう。

- おどおどしている
- おびえている
- 相手の機嫌をとる
- 何も発言しない
- 過度に謙遜する

相手に苦手意識を持っていたり、うまく付き合おうとすると、どうしてもこのような対応になりがちですが、それでは相手の攻撃を助長してしまいます。

すぐに改めるのは難しいかもしれませんが、相手のご機嫌をとるのをやめ、**精神的に余裕があるように見せる努力**をする必要があります。

そんなことを急に言われても……と思うかもしれませんが、ここで重要なのは

「見せかける」こと。性格まで変える必要はありません。

次の4つを実践して、印象が変わるよう心掛けてみましょう。

❶ ゆっくり低い声で話す

『人は見た目が9割』という書籍がありますが、見た目の中に声も含まれていることをご存じでしょうか。

実は、人の印象の4割は声によって決まると言われているほど、声はあなたのイメージを左右しています。

たとえば、声が高い人は明るく、若々しい印象を与えますが、頼りがいや強さはあまり感じられないのではないでしょうか。

また、話すスピードが速いと、どうしても落ち着きがなく感じられますよね。

一方、ゆっくり低い声で話すことは、落ち着いた印象を与えるだけでなく、工夫次第で人を寄せ付けない威厳を感じさせることも可能です。

突然性格を変えることはできませんが、声のトーンと話すスピードを意識することは、今日からでもできますね。

めんどくさい人に「近寄りがたいな」「簡単にはなびかなさそうな人だ」と印象づける方法として、4つの中では最も実践しやすいものだと思います。

② テンポよく会話しない

普通の会話では、多くの場合、相手が発言したらすぐにレスポンスしようとしますが、めんどくさい人とはテンポよく会話しないことがポイントです。

相手が話し終わり、自分が発言する前に2秒くらい間を空けてみることからチャレンジしてみましょう。

「え？　なんだか嫌な感じだな……」と思いましたか？

そうです、実は嫌な感じだと思われるくらいでちょうどいいのです。

あなたのほうから距離をおくことが難しい相手の場合、関係性を疎遠にする方法はただ1つ。相手に**「近寄りがたい人だな、親しみが持てないな」と思われる存在になるしかありません。**

最初は気まずく感じるでしょうが、徐々に会話自体が減っていくため、罪悪感もストレスも軽くなっていくはずです。

③ 姿勢をよくする

デスクワークばかりしていると、ついつい猫背になりがちですが、猫背は特に自信がなさそうに見えてしまいます。

背筋を伸ばして肩を引き、胸を張りましょう。

たったこれだけでも、自信がある人のように見えるものなのです。

また、よい姿勢を保っていると、ポジティブな思考になり、自信に繋がるとも言われています。姿勢を正すだけで、相手に与える印象が変わるだけでなく、自分自身にもいい影響があります。

④相手の目を見て話す

めんどくさい人と目を合わせて話すのは苦痛を感じるかもしれませんが、会話中に目が合わないと、「聞いているのか？」と揚げ足をとられたり、自信がなさそうな印象を与えてしまいます。

とはいえ、ずっと見ていると睨んでいると思われてしまうこともありますので、10秒に1回くらいは目線を外すといいでしょう。

目を見るのが怖いという方は、眉間《みけん》でもかまいません。

最初は難しく感じられるかもしれませんが、少しずつ立ち居振る舞いを変えていってみましょう。

めんどくさい上司から自分を守る3つのコツ
――③「何をされても黙っている人」はNG

あなたの周りには、「何をされても事を荒立てようとせず、黙っている」という人はいないでしょうか。

めんどくさい人たちは、こういう人たちを狙っています。

まず、会議などでは極力、**1度は何か発言をするように心がけてみてください。**

会議中に発言するのが難しければ、終了間際に、

「最後に確認させてください。今日決まった○○は、関係部署に共有していいのですね」

と確認をしたり、終了後に個人的に質問をしに行ってもいいでしょう。

大勢の人の前で発言するのに抵抗がある方や、会議で意見や質問をあげることが快く思われない組織の場合は、一対一の場面でも構いません。

こちらが萎縮してしまう相手に向かって発言をするのが怖いという場合は、接しやすい同僚から始めてみるのもいいでしょう。

それだけでも、あなたの印象は変わっていくはずです。

困った時に声をあげられることと、日ごろの発言には何も関係がないように思われるかもしれませんが、**重要なのは「何をされても黙っている」という印象を持たれないようにすること**です。

前項の話し方も意識しながら発言すると、より効果があるでしょう。

波風立てずにむちゃぶりを回避するマジックワード

ここまで、めんどくさい人から自分を守るコツをお伝えしてきましたが、確実な安全圏に身を置くためには、めんどくさい人に「ノーと言える人物」だと認識される必要があります。

前項の3項目を実践していけば、徐々にそのようなイメージを作ることができるのですが、相手もどうにかして自分の要求を飲ませようとしますし、上司・部下という関係である以上、きっぱりと断ることができないこともあるでしょう。

そうした時に試していただきたいのが、

「これはちょっと……」

というセリフです。

これは、私が産業医として悩める会社員の皆さんと試行錯誤する中で見出した、最も波風を立てずに断れるマジックワードです。

たとえば、めんどくさい上司から業務時間外の仕事を任されそうになった時に、

「これはちょっと……」

と言って、**最後まで言い切らずにぐっと我慢して言葉を濁してみましょう。**

そうすると相手は、「ちょっと急すぎたか」「難しいか」など、あなたの話を推測して、その先を話してくるでしょう。

そうなれば、あなたはただ相手の言葉に乗っかればいいだけです。

「はい、ちょっと難しいですね」

などとあわせておけば、相手は自分が言い出したこともあり、すんなり納得してくれることが多いのです。

もしも、「ちょっと……何？」と聞かれた場合は、

「お引き受けしたいのですが、ほかの業務も立て込んでいるので、提出が来週の月曜日になりそうです」

など、**やる気はあるが、相手の希望の日時までにできない旨を伝えましょう。**

一方的に断るのではなく、相手に判断を委ねる形にすることで、心証を損ねずに自分自身を守ることができます。

少しの工夫で、めんどくさい上司からの攻撃をかわすこともできるのです。

「断る」訓練で「ノーと言える人」になる

上司のむちゃぶり対策として、もう1つ非常に効果的なのがTO DO LISTです。

パソコンや手帳にメモしている方が多いと思いますが、めんどくさい人対策としておすすめなのはA4用紙にやるべきことを書き出しておくこと。

タスクの内容とあわせて、優先順位や依頼者、締切などを大きめの文字で書き、それを誰にでも見えるように机の上に置いておきましょう。

可視化することで、依頼を引き受けるのが難しいことを説明する手間が省けるだけでなく、紙に書かれた依頼者が上司より上の役職の人だった場合などは、さりげなくプレッシャーをかけることもできます。

いくらめんどくさい上司といえども、自分の上司の仕事を差し置いて、自分の依頼事項を優先させるほどの図々しさはありません。

むしろ、相手次第で態度を変えるような人たちですから、分が悪い相手だと分かればすぐに諦めてくれるでしょう。

しかし、中にはどうしても、めんどくさい人に限らず、断ること自体に抵抗がある方もいらっしゃると思います。

そういう方のために、とっておきの「お断り」練習方法があります。それは、「SNSで苦手なアカウントをブロックする」という方法です。

SNSユーザーが増え、見ず知らずの人とつながることが普通になった今、SNS上で関係を断つことに抵抗感や恐怖心を抱いている人が少なくありません。

顔も見たことがない、実際に会うこともない相手にもかかわらず、オフラインの人間関係同様、関係を切ることを躊躇してしまうのです。

実際、私もSNS上でのトラブルのご相談を受けたことがありますが、「ブロックしたらいいのではないですか」と尋ねても、どうしても抵抗があるようでした。

いきなり知り合いをブロックするのは抵抗があるでしょうから、最初は見ず知らずの人で大丈夫です。

面と向かって伝えるわけではなく、画面をタップするだけですから、騙されたと思って1度トライしてみてください。**人との関係を切ることに慣れていく**のです。

優しいあなたは、相手が傷つくのではと不安になるかもしれませんが、案外相手はブロックされたことにさえ気がつかないもの。

ブロックしたあなた自身も、その日は気になってしまうかもしれませんが、一晩寝たら忘れてしまうことも少なくありません。

つながりやすい時代になったからこそ、付き合う人や取り入れる情報を自分で取捨選択する、つまり自分の意志で「ノー」を判断できなければ、時間やエネルギーを浪費してしまうだけでなく、精神的にも負担になってしまいます。

SNSでのブロックは自分を守るいい練習だと切り替えて、我慢することをやめていきましょう。

こうした対策を実践していても、時にはうまくいかない日もあると思いますが、重要なのは1つでも自分の意志で抵抗できたということです。

ただただ言いなりになるだけだったところから、ワンクッション置けたということは、距離がとれたということに違いありません。

小さな成功体験をしっかり噛みしめて、少しずつ自信をつけていきましょう。

めんどくさい上司に信頼される必要はない

「めんどくさい上司への対処法は分かったけど、これらを実践したら信頼関係が崩れてしまうのでは？」と不安になったあなた、そもそも「信頼されよう」と考えること自体が、めんどくさい人にやってしまいがちなＮＧ対応の１つです。

信頼関係とは、まずはこちらが相手を信頼することから始まります。

いくら信頼関係が重要といっても、その目的のためだけにめんどくさい上司を信頼するのは、かなりの精神的苦痛を伴うはずです。

仮に信頼を得ることができたとしても、周囲から「あの人と同じ考えなのか」と思われることで、孤立してしまうこともあるでしょう。

それではどうしたらよいかというと、めんどくさい上司以外の人の信頼を得られるように行動すればよいのです。

職場は、あなたと上司の関係性だけで成り立っているわけではありません。**信頼を得るべきは、困った時に味方になってくれる周囲の人たち**なのです。

あなたの職場にも信頼されている人がいると思いますが、周囲から人格者として信頼を得ているのは、人が嫌がる仕事を率先して行っている人だと私は考えています。

私たち医師の世界にも、腕は一流でも、看護師からは全く信頼されていない医師はたくさんいます。

高い技術や輝かしい業績を持っていれば、上司からの期待や信頼を得ることはできるでしょうが、現場で自分に力を貸してくれる部下や同僚の信頼は、それだけでは得られないのです。

誰からも信頼されている医師は、普段からめんどくさい仕事を引き受けていたり、自分をサポートしてくれる人たちを大切にしています。

確かな技術を持っていることは、プロとして仕事をする上での大前提ですが、人間として信頼され、**「あの人ならサポートしたい、協力したい」と思われる人になるためには、そうした思いやりが欠かせない**のです。

こういうと、打算的に聞こえるかもしれませんが、誰にでも丁寧に接すること、えり好みせず仕事を引き受けることなどは、あなたにとってはごく当たり前のことかと思います。

そのようなあなたは、特に意識せずともすでに周囲の信頼を得ているはずです。

めんどくさい上司に振り回されず、今後も引き続き、周囲との信頼関係を深めていきましょう。

めんどくさい上司には好印象を与えないのが正解

信頼されようとするのはNGということとあわせて覚えておいていただきたいのは、「めんどくさい上司には好印象を与えないのが正解」ということです。

「好印象を与えない」といっても、悪い印象を与える必要はありません。目指したいのは、あくまでも**「あの人は反応が薄くて何を考えているか分からないな」**という印象。よすぎるのも、悪すぎるのも避けた方がいいでしょう。

職場で最も重要なことは、自らの役割を全うし、成果を上げているかどうかです。「少し無愛想なところもあるけれど、仕事はきちんとする人」には、めんどくさい人もむやみに難癖《なんくせ》をつけてくることはありません。

しかし、思い通りに反応してくれないあなたに対し、めんどくさい上司は難癖をつける理由を探しています。

相手に揚げ足をとる理由を与えないよう、礼節を守り、業務に真面目にとりくむという社会人としての基本を徹底していきましょう。

特に、時間厳守と挨拶は、最も基本的なマナーだからこそ、おろそかにすると格好のネタになってしまいます。

オンライン会議であっても、遅れて入室するのはやめましょう。

ルーズな人だというレッテルを貼られてしまうと、めんどくさい人に攻撃の理由を与えるだけでなく、周囲の信頼も失ってしまいます。

また、挨拶にも非常に大きな意味があります。

人は誰しも、多かれ少なかれ承認欲求を持っています。

めんどくさい上司だからといって挨拶をしないのは、礼儀を欠くだけでなく、相手によっては承認欲求が満たされず、自分を軽んじていると思う人もいるでしょう。

顔を合わせるのが嫌だからといってコソコソすると、かえって揚げ足をとられます。苦手な人ほど先手必勝と思って、相手より先に挨拶してみましょう。

最低限、挨拶さえきちんと交わしておけば、雑談などは必要ありませんので、これだけはと思って努力してみてください。

こうした日頃の積み重ねが、めんどくさい相手から自分を守る盾になります。

転職を考えるべきボーダーライン

ここまででご紹介した対処法で自分を守ることはもちろん重要ですが、ストレス反応が体に出始めたら、それ以上は頑張ってはいけないサイン。

次のような不調が表れたら、すぐにでも物理的な距離をとることを検討しましょう。

- 睡眠トラブル
- 体調不良

ストレスや心配事があると、夜眠れなくなるという人は多いと思います。寝つきが悪い、夜中に何度も目が覚める、深夜に目が覚めて眠れないなど、睡眠トラブルがあるようなら、体がＳＯＳを発していると思ってください。

さらに頭痛や腹痛など、体調不良が出始めたら要注意。精神的にも身体的にも、大きな変調をきたす前兆です。

特に、朝はこうした症状が出やすいため、遅刻などが続くようになったら、無理せず産業医に相談したり、心療内科を受診するようにしましょう。

診察の結果を伝えれば、会社が配置転換を認めてくれる場合もあります。

規模の小さな会社などで配置転換が難しい場合は、転職も視野に入れておくほうが賢明です。

上司と部下という関係は、特に部下にとっては悩ましいものです。

本書を読んでくださっている方の中には、「これくらいで病院に行っていいのかな」と躊躇している方がいらっしゃるかもしれませんが、最も優先すべきはあなた自身の健康です。

私たちの人生の目的は、健康で幸せに生きていくことです。

仕事は、あくまでもそれを実現するための1つの手段にすぎません。

これからシーン別の対処法をお伝えしていきますが、大前提として、2大サインが出たら小手先の対処法では通用しないことを覚えておいてくださいね。

こんな時どうしたらいい？ シーン別対処法

☑自分に都合の悪いことは無視！

会社によくいるこのタイプの上司には、大きく分けて2つのパターンがあります。

- 自分が傷つくのが怖い上司
- 自分の評価が下がることを極端に恐れている上司

このような上司への最も効果的な対処方法は、**責任の所在を明らかにすること**。口頭の指示だけではいくらでも責任逃れができてしまうため、メールやチャットなど、形に残るものでやりとりしましょう。

しかし、そうなるよう望んでいるだけでは、状況は変わりません。

多少手間はかかりますが、口頭で指示を受けた場合は、メールやチャットを使ってホウレンソウをするようにしてみましょう。

メールの内容は、簡単な報告や進捗状況で構いません。

ここで、押さえておきたいポイントが2つあります。

①「何について」「誰から」「どのような指示を受けたのか」を明確にすること
②返信が来ないことも想定し、疑問形ではなく言い切る形で確認すること

この2つさえおさえておけば、後になって「指示していない。勝手にやった」と言い逃れすることはかなり難しくなります。

簡単な例で見てみましょう。

× 昨日ご依頼いただいた件は、ご指示の通りに進めてよろしいでしょうか。

○　昨日ご指示いただいたA社のプレゼンについては、ご指示いただいた通りBプランで進めております。

×　C社の案件について、ご指示いただいた通りにご提案をさせていただきましたが、よろしかったでしょうか。

○　C社との契約条件につきまして、○○部長からご指示いただいた通り、Dのご提案をいたしました。その結果……。

上司によっては、報告は直接口頭でとおっしゃる方もいるかもしれませんが、そうした場合は、メールと口頭どちらでも報告すれば大丈夫です。「口頭で」という指示を尊重すれば、メールをやめるように言われることはまずありません。

ただでさえ忙しいのに、そうしたことに時間を割くのはもったいないと思われるかもしれませんが、そのひと手間を惜しんで苦労するのはあなたです。

自分の身を守るためだと思って、徹底していきましょう。

失敗は部下のせいにして、成果は自分の手柄にする

このタイプは、都合が悪いことを無視する上司と基本的には同じタイプです。

前項の、メールでのホウレンソウと合わせて、指示を受けたら必ずメモを取っておくようにしましょう。

こうしたメモは、パワハラの証拠になることもあります。

また、成果を自分の手柄にする上司にも、もやもや、イライラしますよね。

しかし、この場合の正しい対処法は腹が立っても真正面から立ち向かわないこと。

日本社会では、謙虚さが1つの美徳とされていることもあり、自分の実力を主張

すればするほど、事情を知らない人に誤解されてしまうこともあります。納得できないからといって下手に騒ぐと、かえって敬遠されてしまうでしょう。

その人の仕事ぶりというのは、一緒に仕事をしていれば自《おの》ずと伝わるものです。手柄を横取りする上司は、大抵他の人からも嫌われていることが多いもの。あなたの実力が分かれば、何が起こっているのかみんな察してくれるでしょう。決して、めんどくさい上司と同じ土俵に立ってはいけません。

☑ 評価が不公平だと感じる

「上司がえこひいきをする」という相談は、よくあるお悩みの1つです。上司である以上、私情を挟まず公平な判断をしてほしいというのはもっともですが、上司も1人の人間です。部下全員を完璧に平等に評価することは、なかなかできることではありません。

そして、この評価のカギになるのが信頼関係です。

信頼関係があれば相応の評価を得ることは難しくありませんが、問題は信頼関係がない場合。

「めんどくさい上司と信頼関係を築こうとするのはNG」なわけですから、正当な評価を受けようとすること自体、一種無謀なことと言えるかもしれません。

「じゃあ諦めるしかないの?」と思ったあなた、そういう時には、**まずは業務量や成果を可視化してみましょう**。

営業職であれば訪問社数やアポイントの件数、事務職の方は、1日に処理した件数や自分が提供した情報によって注文が増加した、新規契約につながったなど、あなたの頑張りを日報等で報告しましょう。

ただ「頑張りました」だけでは、上司の主観によっていかようにでも捉えることができますが、数字や事実はあなたの実力を示す証拠になります。
自分の成果をアピールするのは恥ずかしいと感じる方も多いと思いますが、それではいつまでたってもあなたの行動に光があたることはありません。

また、もう1つのポイントは**周囲からの評価を高める**ということです。
上役との信頼関係を構築し、上手に成果をアピールできれば、「こんなにいい働きをしているのに、なぜ直属の上司はこのような評価なのか？」と疑問が生じ、根本的な解決につながることもあります。

評価のためにめんどくさい上司に取り入ろうとすると、意に染まない仕事をさせられたり、無理な目標を強いられるなど、あなたの気持ちを利用してくることもありますので、決して近づかないようにしましょう。

「何かと嫌味ばかり言われる」

嫌味を言う背景にあるもの、それは嫉妬心です。

相手に対して、何かしら羨ましいことがあるにもかかわらず、プライドが邪魔をして素直に言えない。それが嫌味という形になっているのです。

「自分より優れている人を認めることができない」という問題を抱えた人たちに対処する方法は、1つしかありません。

それは、**笑顔で受け流す**ということです。

こうした人たちには、説明や弁解をしたり、正論をぶつけても、揚げ足をとられてさらに嫌味を言われるだけ。

決して取り合わず、肩透かしを食らわせるくらいでちょうどいいのです。

たとえば、業務を終えて定時で帰ろうとしているあなたに、嫌味な上司が「仕事、少なくていいね」などと言ってきたとしましょう。

そうした時は、笑顔でただひと言、「はい！　ありがとうございます！」と言えばいいのです。

それだけ伝えたら、相手の反応は待たずにその場を離れましょう。

相手の顔色を窺っていると、我に返った上司がさらなる攻撃をしかけてきます。

そうなる前に、颯爽《さっそう》と退社してしま

いましょう。

物理的にその場を離れるのが難しい場合は、「はい！　ありがとうございます！」と答えた後に少し間をおいて、「急ぎの案件があるので業務に戻りますね」と伝えてパソコンを見たり、「そういえば」と話題を変えてもいいでしょう。

また、嫌味な人のもう1つの特徴は、嫌味に対して期待通りの反応が返ってくると、どんどんエスカレートしていくということです。

真に受けて反論すれば、かえって嫌味な人を喜ばせてしまいます。

嫌味を言われれば、誰しも嫌な気分になりますよね。

しかし、ここはぐっとこらえて、心の中で「この人は私のことが羨ましいんだな」と思って流してみてください。

彼らにとって**一番おもしろくないのは、相手が反応しないこと**です。

この人には言っても無駄だと思わせることができれば、自然に攻撃は止まります。

少し時間はかかるかもしれませんが、心の余裕を失わず、笑顔で受け流していきましょう。

☑ リモートワークで監視される

ここ最近は少しずつ落ち着いてきましたが、未だにこのようなことをしてしまう上司は後を絶ちません。

中には、1日中みんなでZOOMにつなぎっぱなしという方も……。

いくら仕事とはいえ、1日中監視されるのは相当なストレスですよね。

このような行動をとってしまう原因は、**「ネガティブ・バイアス」**にあります。

私たちの認知機能には、ポジティブな情報よりも、ネガティブな情報に注意を向けやすく、記憶に残りやすいという傾向があります。これをネガティブ・バイアスといいます。

リモートワークなど相手の姿が見えない状況では、ついついこのネガティブ・バイアスが働きやすくなるのです。

「そういえば、あいつは午後居眠りしていたことがあったな」

「休憩時間はゲームやってるって言ってたけど、誰も見てないからって仕事中に遊んでいるんじゃないか?」

このように考え出すと、なかなか止められません。勝手な妄想ばかりが膨らんで、勤務時間中はZOOMをつなごうなどという考えに至ってしまうのです。

こうしたお悩みの解決策として、私は日報の活用をおすすめしています。

業務の状況や成果を見える形にして示すことで、上司の不安を解消するのです。

まずは前日のうち、もしくは朝一番にその日の予定を報告し、業務終了時にはその日の業務内容を日報にまとめて提出しましょう。

何時にどこに何をしに行くか、時間がかかる業務の場合は、進捗状況や今後の進め方も書いておくといいでしょう。

9時〜10時　注文処理（15件／30件）
10時〜12時　移動・訪問営業（訪問先：A社）

メールチェックの詳細といったことまで書く必要はありませんが、あなたが何をしているか、適切な時間で業務を処理できているか、どのような成果があったかを上司が把握できるように記載することで、上司は確実に安心します。

翌日のスケジュールを日報に書いておくと、1度の手間で済みますよ。

このような日報を提出することを提案をしたうえで、ZOOMにつなぐのは朝礼と夕礼だけにする、もしくはミーティング以外はZOOMをつながないという交渉してみてはいかがでしょうか。

まずは日報を提出し、上司が安心してきたのを確認して交渉するのもいいですね。

これまで多くの方にこの方法をおすすめしてきましたが、上司の監視から逃れられるだけでなく、自分自身にもプラスになったという声をたくさんいただきました。毎日予定を立てることで自然と計画通りに進めようという心理が働き、結果的に効率よく集中して仕事ができるようになった、ということです。

相乗効果が得られるのは嬉しいことですね。

☑ 高圧的な態度で怖い

このような上司にあたってしまった時に覚えておいていただきたいのは、**1人で闘うのは危険すぎる**ということです。

少し大げさに聞こえるかもしれませんが、高圧的な人と一緒にいる時の心理的ストレスは、目の前にライオンがいる時と同じようなものです。しかもその状況が毎日続くわけですから、小手先のテクニックでどうにかできるものではありません。

このような時に最も重要なのは、やはり相談することです。先の項目でも書いた通り、我慢せず、早い段階で上役や人事・総務、産業医などに相談しましょう。

無理して我慢していると、心の傷はどんどん深くなり、回復に時間がかかってしまいます。

もちろん、相談しても今日、明日で解決策が得られるわけではないでしょう。そうした時に役立つ、誰にでもすぐ実行できる「とりあえずのしのぎ方」が2つあります。

1つ目は、「終わりを意識する」ことです。

毎日ガミガミ言われるだけでも精神的につらいのに、「この状況がいつまで続くんだろう」と先が見えない状態では苦しくなるばかりです。

そこで、つらい状況が終わった後の自分を意識してみてください。

- 18時には仕事が終わって家に帰れる。帰ったらカレーでも食べよう
- 今日の午後、上司は外出する予定だから、午後はノビノビできそう
- 家に帰ったらドラマを見よう

職場にいる時間は短いとは言えませんが、それでも24時間怒鳴られているわけではありません。

まずは今日、明日といったスパンで、めんどくさい上司から解放された後の自分の姿を想像してみましょう。

この方法は、もっと長期的なスパンでも効果があります。

- 1か月後には違うプロジェクトがスタートしているから、この上司とはそれまでの付き合い
- 3か月以内にこの状況が解決できなかったら転職活動を始めよう
- 年度末にジョブローテーションがあるから、来期は新しい部署にいるだろう

終わりを明確にイメージし、つらい状況と意識を切り離すことで、耐性が高まるのです。

そして2つ目は、「メタ認知」です。

メタ認知とは、自分が認知（考える・感じる・判断するなど）していることを客観的に把握し、制御すること。

もっと簡単に言うと、**「自分自身を客観的に観察すること」**とも言えるでしょう。

たとえば、あなたが上司から厳しく叱責されているとしましょう。
その時に、あたかも第三者であるかのようにその状況を観察してみるのです。

「〇〇部長、顔を真っ赤にして大きな声で怒鳴ってるなぁ。
そして、井上（あなたのことです）は怒鳴られるのが怖くて目を合わせられていないし、相手のほうが立場が上だから何も言い返せずに萎縮してる……」

このように、実況中継をイメージすると分かりやすいかもしれません。

最初は少し練習が必要かもしれませんが、主語を私やあなたではなく、あえて3人称の「井上は怒鳴られるのが……」のような表現で伝えるようにしてみましょう。
メタ認知を使うことで、つらい状況から意識を切り離すことができるだけでなく、状況を客観視できるため、火に油を注ぐような発言を避けることもできるようになるでしょう。

ただし、こうした対処法はあくまで期間限定です。

睡眠トラブルや体調不良が表れる前に、できるだけ早くめんどくさい上司から離れる方法を模索してください。

めんどくさい上司のせいで、大切な人生の時間を無駄にすることがないよう、自分を守っていきましょう。

第3章

困った部下への接し方

部下とうまくいかないと思ったら

上司との人間関係に悩む部下ほど多くはないものの、潜在的に部下との関係がうまくいっていないと感じている上司は少なくありません。

「部下への接し方」は、管理職向けの社内研修でもよくご依頼いただくテーマの1つです。


上司は部下に比べて圧倒的に有利な立場なので、解決しなくても何となくごまかしながらやっていけると思いがちです。

様子がおかしいとうすうす感じていたにもかかわらず、目をつぶっているうちにフラストレーションが溜まり、耐えられなくなった部下が急にキレてしまう……。

こうした経験がある方は少なくないのではないでしょうか。

このような状況に陥らないよう、「部下との関係がうまくいっていないかも」「こいつめんどくさいやつだな」と感じたら、対策を講じる必要があります。

まず確認しておきたいのは、**その部下は本当にめんどくさい人なのか、**ということです。

たしかに、ハラスメントを盾に上司を攻撃したり、自己中心的な考え方で周囲を振り回す部下もいるのですが、上司が誤った接し方をしていたためにすれ違ってしまい、コミュニケーション不足から「めんどくさいやつ」「よく分からないやつ」と思われているだけだったというケースも少なくありません。

このようなことにならないよう、めんどくさい部下の対処法を紹介する前に、あなたの日頃のコミュニケーションを1度振り返ってみましょう。

「人間として関心を持つ」ことが信頼関係の基盤になる

最初に確認したいのは「部下が何を求めているのかを知る」ことです。

「なんだ、そんなことか」と思うかもしれませんが、部下が求めていることを正しく理解している上司は、意外と多くありません。

たとえば、あなたが仕事での自己実現を求めているタイプだとしたら、部下もきっとそう思っているはず、そう考えるべきだと思ってしまいがちです。

しかし、部下がそうであるとは限りません。

あなたには想像しがたいかもしれませんが、世の中には仕事はあくまでも生活のための手段であり、やりがいを求めていないという人も一定数います。

にもかかわらず、そんな人いるはずがない、そんな考え方は甘い、などと部下の考えを蔑ろにしている上司もいるのです。

会社員である以上、仕事で成果を上げることは当然の責務です。モチベーションが高ければ、目標以上の貢献ができることもあるでしょう。

しかし、自分の仕事をきちんとこなしている人に、それ以上の貢献を強要するのはパワハラ以外の何ものでもありません。

まずは、あなたが望んでいることを部下が望んでいるわけではないことを知りましょう。**部下が求めているものを知り、現実を受け止めることがスタート**です。

この「部下が求めていること」を理解する上で役に立つのがアブラハム・マズローが提唱した「マズローの欲求5段階説」という心理学説です。

マズローは、人間の欲求を生理的欲求、安全の欲求、社会的欲求、承認欲求、自己実現欲求という5段階のピラミッド構造で示し、人間には、一番下の生理的欲求から順にこれらの欲求を満たそうとする性質があると説きました。

マズローの欲求5段階説

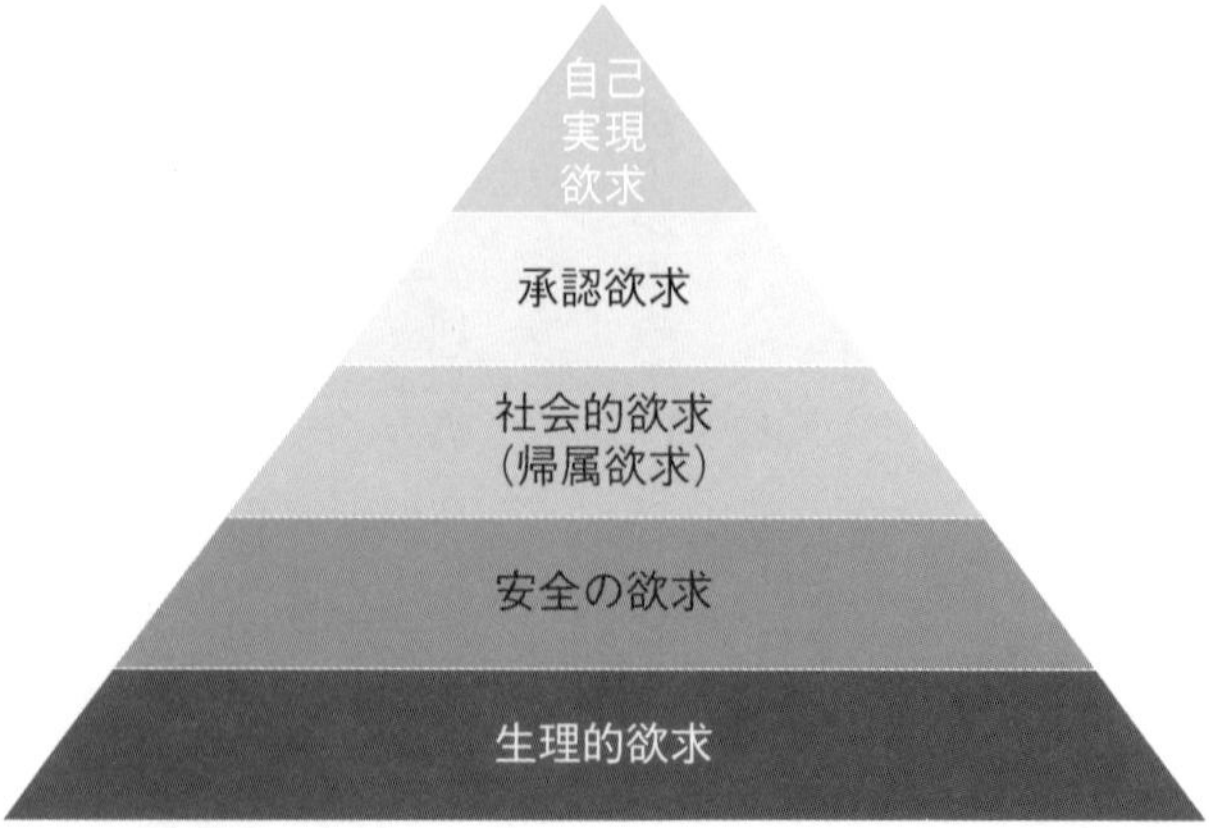

誰しもこの5つの欲求を持っているといっても、**職場においてどの欲求を重視しているかは人それぞれ**。部下がどの欲求を重視しているのかを知れば、接し方も変わってくるはずです。

たとえば「生理的欲求」というのは、食欲や睡眠欲のことです。

生理的欲求は生きていく上で当然の欲求なのですが、残業が多いとこれが脅かされる場合もありますよね。

人によって程度の差があるとはいえ、この欲求を重視している人にとって、これは何よりもつらいこと。あなたがいくら残業していたとしても、生理的欲求を脅かすようなことを強制してはいけません。

2段目の安全の欲求は、心身ともに危害を加えられない安心安全の環境にいたいという欲求です。ここを重視している人には、強い叱責や無理な目標を強いられることは深刻な脅威に感じられます。

3段目の社会的欲求は、ひと言で言うと、コミュニティーに所属していたい、そのコミュニティーで必要とされている満足感を得たいという欲求です。

職場以外のコミュニティーがある人や、趣味のほうが大切だと思っている人は、職場でこの欲求が満たされなくても大きな問題とは捉えません。

一方で、職場でこの欲求が満たされないと不安だという人もいます。

批判されたり、挨拶を返してもらえない、無視されるといったことがあると、自分の居場所がないと感じ、所属している感覚がなくなってしまうのです。

実際、過去に私が担当したケースでは、クライアントである部下の悩みの根本的な原因は上司から挨拶を返してもらえないことだった、ということもありました。

残る承認欲求は「認められたい」「褒められたい」、自己実現欲求は、仕事を通じて理想の自分になりたい、という欲求と言えるでしょう。

このように、部下が職場で求めていることは千差万別なのです。

上司には、部下が何を求めているかを把握する義務があり、部下には自分の考えを伝える義務があります。これは、双方にとっての義務です。

ここで覚えておいていただきたいのは、部下が求めているものを把握したとしても、すべてを受け入れる必要はない、ということです。

よく「部下の話を聞いたら受け入れなければならないのでは」と思っている方が

いますが、生理的欲求が高いからといってその部下だけ残業させないということはできませんよね。営利組織である以上、全員の意見を受け入れるのは不可能です。

大切なのは部下に関心を持って接すること。

立場の違いはあれど、上司も部下も「人間としては平等」ということを忘れてはいけません。

自分の価値観を押し付けるのではなく、**「この人はどんな価値観を持っているんだろう」と、関心を持って耳を傾けてみましょう**。

あなたのことをちゃんと見ていますよ、と態度で示すことが重要なのです。

いきなり話し合うのが難しい人は、部下をよく観察するところから始めるのもいいでしょう。

一日関係がこじれてしまうと、修復するのは至難の業。どれだけ褒めても怒っても、全く相手に響かない状況になってしまいます。「めんどくさい部下だ」と決めつける前に、もう1度よく見て、耳を傾けてみてください。

部下の本音を引き出す聞き方

このようにお伝えすると、「話を聞こうとしても、部下が本音を話してくれない」「部下が何を考えているのか、さっぱり分からない」という方がいらっしゃいます。毎日接する相手の本心が分からないというのは、もやもやしますよね。

しかし、ここで1つお伝えしておきたいのは、上司と部下という関係に限らず、そもそも小手先のテクニックで本音を聞き出すことはできないということです。

あなた自身もそうだと思いますが、知り合ったばかりの人や、この人とは距離をおきたいと思っている人に、思いを打ち明けることができるでしょうか。

相手との信頼関係がなければ、あれこれ探ってみたところで本音を聞き出すことはできないのです。

そうはいっても、仕事を円滑に進めるためには、部下とのコミュニケーションは不可欠ですよね。そこで、私がよくご相談を受ける2つの状況での対処法をお伝えしようと思います。

❶ 部下がミスをした時

部下がミスをして指導している時に、部下が黙り込んでしまったり、口先だけで謝っているなと感じたことはないでしょうか。

失敗を糧に成長すると頭では分かっていても、自分の指導に対する反応がイマイチだと、ついつい「分かったのか？」と詰め寄ってしまうことも。

あなたとしては、部下が理解できたのか、自分の話が伝わったか知りたいだけだとしても、責められているように感じる部下もいるでしょう。

このような場合、管理職向けのマニュアルでは、「なぜ、そんなミスをしたと思うか？」とＷｈｙで聞くのではなく、「どうすればよかったと思うか？」とＨｏｗで聞く、とされています。

ところが、聞かれた部下にしてみると、どうすればよいか分かっていたらすでに何かしらの考えなどを述べているでしょう。そのように聞かれてすぐに答えられないのは、「どうすればいいか」も分かっていない状態なのです。

このような場合は、「部下の気持ちを聞いてみる」のがおすすめです。

ひと通り事実関係を確認したら、指導に入る前に、

「今、どのような気持ちですか」

「まず、今の気持ちを聞かせてください」

と切り出して、部下の気持ちに耳を傾けてみましょう。

頭ごなしに叱責したり、正論を押しつけるだけでは、部下は自分を守ろうとしてあなたの話が耳に入らなくなってしまいます。

心理的安全性が保たれていることが分かれば、部下も指導を前向きに受け止めることができるでしょう。

まずはあなたが精神的余裕を持って接してみてください。

❷「分かった」と言ったのにできない

事前にしっかり説明し「分かりましたか?」と確認をしたら、「はい」と返事をしたにもかかわらず、いざ蓋を開けてみると全くできていなかった……。

そのようなことがあると、

「説明を聞いていなかったのか?」

「分からなかったなら、どうしてあの時聞いてくれなかったのか?」

という思いに駆られることもあるでしょう。

ここで最初にお伝えしておきたいのは、本当はよく分かっていないのに「分かりました」と言ってしまう人は意外と多いということです。

理解が遅いと思われたくない、上司に迷惑なやつだと思われたくないという気持ちから、勝手な解釈で物事を進め、結果的に上司が望んでいたことと全く違うものになってしまう……。

信頼関係ができあがっていないうちは、特に要注意と言えるでしょう。

このような時は、説明の最後に「分かりましたか」と聞くのではなく、

「では、何から始めますか？」

と確認してみてください。

具体的に答えてもらうことで、どれくらい理解できたか分かりますし、間違っていたり分からない場合には、補足説明することができます。

こうすることで、とんちんかんなことをして後から大問題になるのを事前に防ぐ

ことができるでしょう。

あなたが歩み寄ることで、部下は徐々にあなたを信頼し、分かりにくいところは確認していいんだ、と安心してコミュニケーションがとれるようになります。

上司の皆さんの中には、「ここまでしないといけないのか、自分たちが若かった時はこんなことまでしてくれなかった」と思う方もいらっしゃるでしょう。

しかし、ここは時代が変わったと気持ちを切り替えてください。上司が頑固になると、部下との溝は埋まらないどころか、どんどん深くなっていきます。

部下の悩みに共感疲労しないために

部下が本音を話してくれないというお悩みがある一方で、部下の悩みを解決してあげられないことを気に病み、精神的に疲れてしまう、共感疲労に陥ってしまう上司もいらっしゃいます。

共感疲労とは、相手に共感して極度に疲れてしまうこと。

たとえば被災地などで、変わり果てた街の様子や被災者の話を見聞きして、精神的につらくなったという話を聞いたことはないでしょうか。これが共感疲労です。

同じようなことは職場でも起こります。

優しい上司は、悩み相談を受けると親身になってなんとか自分ができることを探そうとしますが、プライベートや金銭的な悩みであった場合、一上司にできることはほぼありません。

にもかかわらず、同情するあまり自分自身も精神的に疲れてしまうのです。

こうした共感疲労を防ぐ基本は、入り込みすぎないようにすることです。

具体的な対処法を3つ挙げてみましょう。

①できること・できないことの線引きをする

②自分1人でなんとかしようとしない
③自分自身の精神面と向き合う時間を持つ

まず大切なのは、「①できること・できないことの線引きをする」ことです。
そんなことを言っては相手が傷つくのでは、と思うかもしれませんが、「僕はこれ以上は力になれない」と伝えることが、時にはお互いにとって最良の判断になることを忘れてはいけません。

この①とあわせて覚えておいていただきたいのが、「②自分1人でなんとかしようとしない」ということです。

私たち医療従事者の場合、患者さんが最初に受診されたのが内科であったとしても、状況に応じて精神科や外科や皮膚科など適切な専門家にご紹介します。
職場でも、基本的な考え方は同じです。

心身の健康についてであれば、産業医や近隣の病院、社内の相談窓口が、借金や離婚など法律的なことがかかわる悩みなら3回まで無料で相談できる法テラスという機関があります。

大事なのは、あなたがなんでもしてあげることではなく、**相談できる専門機関や巻き込める人の情報を持っておくこと**。それぞれの立場でできることで、困っている部下を助ければいいのです。

そして、最後は「③自分自身の精神面と向き合う時間を持つ」ことです。

相談に乗るというのは、想像以上に精神的な負担が大きいものです。

特に、一生懸命相談に乗っているのに部下の悩みが解決に向かっていないとなると、自分自身が体調を崩してしまうこともしばしば。

そうなってしまっては、もはや部下の悩み解決どころではありませんよね。

大事に至る前に、日頃から次のようなことをセルフチェックしておきましょう。

- 睡眠はしっかりとれているか（寝付けない、何度も目覚める、眠りが浅いなど）
- お酒やたばこの量が増えていないか
- 暴飲暴食、食欲不振になっていないか
- これまで通り趣味を楽しめているか
- 味の好みが変わっていないか（しょっぱいものや甘いものばかり食べたくなる、今まで好きだったものがおいしく感じられないなど）

共感疲労に限らず、このような体調の変化は、ストレスによって起こりやすくなります。通常との小さな違いを早い段階で見つけられるよう、日頃から自分の体調と向き合う時間をとってくださいね。

心理的安全性を脅かす上司の口癖

心理的安全性とは、組織行動学の専門家であるエドモンドソンが1999年に定義した心理学用語で、「チームの他のメンバーが自分の発言を拒絶したり、罰したりしないと確信できる状態」のことです。

近年、よく耳にするようになりましたが、いくら実績がある優秀な人でも上司を前に堂々と反対意見を言うのは難しいと感じている人はまだまだ多いでしょう。

この心理的安全性の高い職場を作るために上司がしてはいけないことがあります。それは、**意見を言った部下に対して「でも・だが・だけど」などの否定的な接続詞で返答すること**です。

あなたやチームのことを信頼して、勇気を持って発言したにもかかわらず、上司のあなたが頭から否定すると、せっかくの関係にヒビが入ってしまいます。

そのようなことが続くと、部下は何を言っても意味がないと感じ、萎縮して「黙っておいたほうがいい」と今後は何も言わなくなってしまいます。


多少的外れに感じても、きっと部下なりにそう感じた根拠はあるはずです。

心の中では「いやあ、この意見はちょっと違うな」と思ったとしても、まずは「なるほど」「そうか」と受け止め、

「どうしてそう思ったの?」

「もう少し詳しく説明してほしい」

と、意見の背景を掘り下げていきましょう。そうすることで、部下の意図がつかめるだけでなく、場合によっては新たな視点が生まれることもあるでしょう。


人は、自分の存在が認められることで相手を信頼し、その結果として、相手と共有する場（職場）が心理的安全性のある場所だと感じます。

上司が部下の意見に耳を傾ける姿勢を示すことで、部下は自分の存在が認められていると実感することができるのです。

たしかに、部下を正しい方向に導くことは上司の大切な仕事の1つです。しかし、あなたの何気ないひと言でせっかくの職場のよい雰囲気が台なしになってしまうこともあります。

ついつい「でも」から会話を始めてしまう方は、意識的に直していきましょう。

部下にとって上司は、想像以上に影響力の大きな存在です。悪気なく言ったひと言で存在まで否定されたと感じさせないよう、心に留めておいてくださいね。

心理的安全性のある職場づくりをする上で、もう1つ留意したいのは、**「俺の時代はこうだった」は通用しない**ということです。

上司と部下は育ってきた時代が異なることもあり、意識のズレが生じている場合が少なくありません。

あなたが若かった頃は、上司は「背中を見て仕事を覚えろ」という人たちが大半だったかもしれませんが、今はそれでは通用しない時代です。

まずは我が身を振り返り、業務が円滑に進むよう、心理的安全性のある職場づくりを心掛けてみましょう。部下の見え方が変わってくるかもしれませんよ。

逆パワハラを撃退する2つの観点

ここまで、上司としての対応や職場づくりにおける注意点を確認してきましたが、あなたがきちんと対応しているにもかかわらず、「逆パワハラ」をするめんどくさい部下も存在します。

たとえば、挨拶をしても無視する、指示を出しても全く聞かない、頼んだ仕事に取り組まない。注意をすると、

「それってパワハラですよね。コンプライアンス部門に通報しますよ」

など、パワハラを盾にして詰め寄ってくる……。

信じがたいことに、このような部下に悩まされている上司は少なくありません。

本人の意志や実績と関係なく管理職になってしまった方や、気が弱い方がター

ゲットにされることが多いため、管理能力がないと思われることを恐れて誰にも相談できず、1人で抱え込み、何も言えなくなってしまいます。そして、明らかに心身に変調を来してから、はじめて私のところまで相談にこられる方がほとんどです。周囲もなんとなく状況は知っているものの、悩んでいるのが上司ということから声をかけづらく、問題の発覚が遅れるケースが後を絶ちません。

私も産業医としてこのようなケースにかかわったことがありますが、パワハラ加害者たちには、明確な動機はありませんでした。単なる八つ当たりやストレス発散が目的であったり、ひどい時には大の大人をいびり、精神的に追い詰めて会社から追い出してやろうと思っただけ、ということもありました。

自分の言動のせいで上司が退職しても、反省するどころか味をしめ、別のターゲットに攻撃を仕掛けることも。

上司という立場上、相談しにくいとおっしゃる方が多いのですが、アクションを何も起こさなければ、相手はどんどんつけあがるばかりです。

もしもあなたがそんな状況に陥っているとしたら、やるべきことはただ1つ、**証拠を集めること**です。

ハラスメントに対抗するには証拠がすべてです。証拠なしで話し合ったところで、水掛け論にしかなりません。

ほかのハラスメントと同様に、いつ、どこで、何をされたかを記録する、チャンスがあれば録音するなどの対応を徹底しましょう。

そのうえで、さらに気を付けていただきたいのが「そのような部下を熱心に指導したり、歩み寄ろうとしてはいけない」ということです。

特に問題の部下と、人目がないところで一対一になるのは絶対に避けましょう。

意外に思われるかもしれませんが、パワハラ加害者たちの中には、平気で嘘をつくような人もいます。

誰も見ていなかったのをいいことに、

「会議室に呼び出されて殴られました」

「何十分も説教をされました」

など、ありもしないことを周囲に吹聴することもあるのです。

1人で解決しようとせず、十分な証拠を集めてから、管理部門やコンプライアンス部門、人事総務部など、**第三者を交えて話すのが最善策**と言えるでしょう。

そして、もう1つ覚えておいていただきたいのは、話し合いのポイントです。

次の2つの観点から部下の態度に問題があることを指摘し、証拠を見せながら第三者を交えて話し合うようにしましょう。

● 職場秩序の維持と回復

● 職場環境への配慮

個人間の問題ではなく、組織運営に悪い影響を与えるという視点を加えることで、協力を得やすくなります。

まずは証拠を集め、第三者を交えて解決に向けて動くことが、事態を打開するカギになります。

こんな時どうしたらいい？　シーン別対処法

☑ 最低限のルールである時間さえ守らない！

リモート会議が行われるようになって以来、時間にルーズな部下についてのお悩みを耳にすることが増えました。

しかも、何か事情があって遅れるのではなく、9時開始のところを9時5分までに入ればOKだと勘違いしている若い世代の人が多いというのです。

上司より先に行って待っておこうという意識はさらさらなく、時間ギリギリならいい方で、5分くらいの遅れは遅刻だという意識はありません。

きちんと理由を説明せず、直前にLINEでひと言「少し遅れます」とメッセージを送ってくるだけ、ということもあるそうです。

1度や2度ならまだしも、毎回となるとさすがにイライラしてしまいますね。

こうした行動の根底にあるのは、甘えです。

この甘えを上司が容認してしまうと、「あの人がいいなら自分もいいだろう」とチーム全体の規律が乱れ、だらけた組織になってしまうこともあります。

そうならないために、遅刻した人には必ず釘を刺しておきましょう。

遅れそうな場合は前もって連絡を入れること、遅れて入った場合は必ず理由を報告するなど、ルールを明確にしておきましょう。

一緒にどこかに行く時の待ち合わせの場合は、10分までは待つけれど、それ以上は待たずに先に出発する、と限界を伝えておくのもいいですね。

厳しいようですが、こうした甘えは本人が痛い目にあわない限り、なかなか改められないものです。時間を厳守するよう指導するのは当たり前のことですが、甘えを断ち切るには多少突き放すことも有効です。

☑ 人の話を聞かない！

上司や同僚のアドバイスに耳を傾けず自分のやり方にこだわる。経験もないのに「仕事は自分なりのアレンジを加えるもの！」と上司の指示を無視して暴走する。

このような人は、一様にプライドが高く、自分を中心に独断で仕事を進めてしまうタイプです。やりたいようにやらせておくと、優先順位を間違えて周囲に迷惑をかけたり、大きなミスをして組織にダメージを与えることも考えられるでしょう。

そんな部下への対処法は、**まずはホウレンソウをしっかりさせること**です。

しかし、一方的にホウレンソウを義務として課すと、

「なんで俺だけこんなめんどくさいことをしなきゃいけないんですか？」

と反発を受けることがあります。

もし反発や不満が返ってきたら、相手が理解できるように理由を伝えましょう。

「もしトラブルやミスが発生して組織がダメージを受けた場合、上司である自分には、社内に状況を説明したり、場合によっては責任をとる必要がある。だから、部下の進捗や仕事の進め方を把握するためにホウレンソウは不可欠である」

あなたにとっては至極当たり前のことだと思いますが、案外部下は理解が及んでいないこともあります。

上司としての立場や役割、責任を伝えるとともに、これは部下のためでもあることをしっかり伝えるようにしてみてください。
双方納得の上でとりくむことができれば、部下の姿勢も変わっていくはずです。

このようにして、双方納得のうえでホウレンソウがなされたら、その報告や共有事項をもとにコミュニケーションをとりましょう。

一方的にあなたの価値観を押し付けるのではなく、部下を尊重しながら、方向性にズレがあれば訂正する。
ある程度、許容する範囲を決めておいて、その範囲を出たら軌道修正するなど、自分の中でルールを決めておくといいですね。

ここで、あなたがあなたのやり方を押し付ければ、あなたも話を聞かない上司になってしまいます。
暴走しがちな部下を見守るのは気が気ではないと思いますが、部下の真価を見極めるくらいの器の広さをもって受け止めてみてましょう。

☑やる気がない、ネガティブな発言を繰り返す

やる気がないというのは、組織の中ではよく問題視されますが、私個人の意見としては、与えられた仕事をしっかりとこなしているのなら、無理にやる気を見せる必要はないと考えています。

マズローの欲求5段階説でも説明したように、会社に求めているものは人それぞれだからです。

しかし、あからさまにやる気のない態度をとったり、周囲の気持ちを考えずにネガティブな発言をしてチームの士気を下げるのはよくないですよね。

このような部下がいる場合に上司がしなければならないのは、その言動が問題だということをきちんと伝えることです。

多くの場合、周囲の士気を下げる人は、自分の言動が周囲に悪影響を及ぼしていることに気づいていません。

「本当のことを言っただけ」程度にしか思っていないので、まずは、**相手を不快にさせるという以上に、チーム全体に悪い影響をもたらす問題行動**だということを理解してもらいましょう。

しかし、このタイプの人たちにただ指導をしても、「雰囲気を悪くしたと言って怒られた」ということしか頭に残らず、反発されてしまいます。

あくまでも、損をするのは自分だと気づかせることで改善を促しましょう。

たとえば、会議などで部下が周囲の和を乱すような発言をしたら、終わった後に、「さっきああいうふうに言っていたけど、言われた人はどう感じたと思う?」と聞いてみてください。

「がっかりしたかもしれませんが、本当のことです」

などと答えてきたら、

「それを聞いた周りの人はどう思うか？」

ということも聞いてみましょう。


どちらの問いかけに対しても、大した問題ではないと答えるかもしれませんが、そこではじめて、

「ああいう発言はあなたが損をするから避けたほうがいいよ。なぜなら……」

と伝えるのです。


言われた本人を不快にさせるだけではなく、職場全体の雰囲気が悪くなること、せっかく頑張っていても、周囲からの評価が下がることを伝えましょう。

あくまでも、頭ごなしにやめさせるのではなく、**そういうことをしていると自分の損になるよ、というスタンスで諭し、自ら気づかせることが重要**です。

☑ 指示に従わない

単に指示通りにやらないというだけでなく、「これをワードでまとめておいて」と言っても、

「それって何の役に立つんですか？」

「それをして何の意味があるんですか？」

と、反発されるパターンもあるこのタイプ。

上司世代の皆さんが部下だった頃は、「上司の指示は絶対！ 詳しい説明もなく、とにかく言われた通りにやれ」という時代だったかもしれませんが、最近は自分がする仕事の背景や目的が見えないとモチベーションが上がらず、やりたくない、できないと迷走してしまう人もいます。

以前「部下が上司に対して不満な点」というアンケートを見て驚いたのは、「指

示が不明確」という項目が上位に入っていたことです。
この結果を見て、意図的に指示に従わないのではなく、部下に分かる形で指示を出せていなかったり、指示の目的や意図を汲み取れていない部下が、思った以上に多いのではないかと感じました。

この溝を埋めるためには、**仕事の目的や背景を、今一度丁寧に説明してあげるといい**でしょう。
めんどくさがらずに、なぜこの指示を出したのか、なぜ今あなたがする必要があるのか、具体的な目的と、それをすることで得られる未来など、仕事の全体像が見えるように指示を出すと、部下も安心して仕事に取り組むことができます。

プレーヤーとして一流の上司であっても、マネジメントが案外苦手ということはよくあります。もし部下が指示に従わないと思ったら、まずは自分の指示の出し方を振り返ってみてください。

そのうち分かるだろうと無理やりやらせていると、あからさまに反発、反抗されたり、ひどい時には部下が辞めてしまう可能性もあるでしょう。

指示に従わないというのは、部下の不満の合図。
小さいうちに気づいて改善することで大きな問題に発展することを防げます。

☑ アドバイスや指導をすると不機嫌になる

今の若い世代は、「上から目線」ということに非常に敏感です。
アドバイスや指導をするとあからさまにぶすっとしたり、「マウントをとられた」と反抗的な態度をとるのも、あなたの指導を「上から目線」だと思っているからこその反応です。

私は、これには学校教育が大きくかかわっていると考えています。

今の学校の先生たちは、学生たちを厳しく叱れない立場です。少し厳しくしようものなら親から苦情が入り、学生からは「教育委員会に通報する」と言われることも。そのような状況では厳しい指導などできないため、目上の人に厳しく叱られた経験がない若い世代が増えているのです。

今の若い人たちは、学校で「先生に教わる」のではなく、先生たちは「お金をもらって教えている人」、自分たち生徒は「お金を払って学んでいる人」という意識を持っています。

たしかに人としては対等ですが、この意識のまま社会に出るので、**会社での社会的な上下関係を理解できないのです**。これも時代の流れなのかもしれませんね。

そのような部下に対して上司が、「これが社会人というものだ」と、これまで通りの指導を行っても、部下は納得できません。熱心に指導したつもりが、部下は、

「マウントとってきた」「偉そうなやつ」と感じてしまうのです。

このような部下に対処するには、指導の前に一旦寄りそう姿勢を見せるといいでしょう。ミスをした時、最初から「このやり方はダメだな」と言い切ってしまうのではなく、次のようなクッション言葉を挟んでみてください。

「みんな最初はやりがちだけど……」

「自分も昔同じことをしたことがあるけど……」

部下の言動を真正面から否定するのではなく、部下の考えや行動を受け止めて、その後に自分の意見や考えを伝えるのです。

そんな態度では、部下になめられそうだという方は、「失敗したら、上司の自分が責任を持つから」と日頃から部下に伝えておきましょう。

厳しさや威厳を示すことだけが、リーダーシップではないはずです。

やんわりと上下関係を意識させながらアドバイスや指導をすることで、部下もまた違った受け止め方ができるようになっていきます。

大変な時代になりましたが、このような部下と真っ向から対立するのは時代の流れに逆らうようなもの。意識を変えてうまく時代の流れに乗っていきましょう。

☑ 失敗した時に言い訳ばかりする

立場や年齢に関係なく、失敗した時に言い訳ばかりする人たちの共通点は、自分が言っていることが言い訳だと思っていないということです。

さらに彼らは、「失敗の理由（私たちから見れば言い訳にほかなりませんが）をちゃんと説明したのだから責任は果たした」と考えがちです。

根本的な解決をしないため、同じ失敗を繰り返す傾向もあります。

このような部下に対しては、失敗したという事実だけに目を向けるのではなく、**どうやったらうまくやれたのかに焦点を当てて質問してみましょう。**

たとえば部下が、「予算がなくて達成できなかった」と言ったとしたら、「どれくらいの予算があれば、どのようにできたと思う?」と、具体的に考えさせるようにしてみてください。

部下が自分で考えて答えを出せるように、ヒントやパスを投げるというイメージでいくと、本質的な改善につながります。

☑ リモートワークで部下が仕事をしているか不安……

第2章でも解説しましたが、リモートワークで部下の姿が見えなくなった途端、仕事をしているか不安になってしまうのは、ネガティブ・バイアスが原因です。

人間の脳は、ポジティブなことよりもネガティブなことのほうが記憶に残るようにできています。これは自分の身を守るための生存本能です。

ところが、上司がこのネガティブ・バイアスに引っ張られ過ぎると、頭の片隅に残っている、部下の居眠りや雑談する姿が思い起こされたり、仕事をしない不安要素が次々に頭に浮かびます。

普段から真面目に頑張っている部下でも疑わしく思えてくるため、不安を払拭《ふっしょく》しようと、

「ウェブカメラをオンにして仕事をすること」

「1時間に1回は、進捗を報告すること」

という極端な指示を出してしまうのですが、これでは部下も大変ですし、余計な心配に気を取られるのは上司にとってもよくありません。

このネガティブ・バイアスに振り回されないようにする方法があります。それは、**ネガティブなイメージをポジティブなイメージで打ち消すという方法**です。

部下がサボっているかも……と不安になった時は、部下の仕事面でのよいところ、評価できる部分を3つ思い出してみましょう。

こうすることで、ネガティブに傾いているイメージをニュートラルに戻せるようになります。

ネガティブなイメージを持つのは人の習性なので仕方がありませんが、意識的にフラットに戻さないと、部下を管理する工夫ばかり探ってしまいます。

間違った部分に労力を使い、チームの生産性を下げてしまうことがないよう、意識的にポジティブな要素を思い出してみるとよいでしょう。

第4章

同僚に振り回されないためには

人は集団の圧力に弱い

人が複数人集まって何かしらの活動を行う場合、その集団には「同調圧力」と呼ばれる力が働きます。

同調圧力とは「周囲の人と、同じように考え、行動するよう暗黙のうちに強要すること」です。会社は、「同じ志の下、一丸となって会社の売上に貢献しよう」という組織なので、どうしても同調圧力が働きやすくなります。

同調圧力は集団の結束力を高める大事な要素である反面、行き過ぎると、

「同じ空間で同じ時間働きましょう」

「会社が苦しい時は皆で苦しみましょう。陰で楽をするようなことは許さない」

など、多様性が認められず、息苦しい組織になる原因にもなります。

この同調圧力を形成するもとになるのが、「人は皆平等」という考え方です。

「平等」と聞くと差別のない平和な世界のようですが、裏を返せば同僚の中で誰かが頭一つ抜きんでることや、1人だけ楽をすることは許されない、ということも含まれます。

いくら同じ会社の社員、同期であっても、人はそれぞれ異なる能力、個性を持っています。得意分野も違えば、出せる成果も当然変わってくるでしょう。

にもかかわらず、その「差」に対して嫉妬心を燃やし、

「あいつはずるがしこいやつだ」

「あいつは協調性がない」

などというレッテルを貼ろうとするのです。

一方、嫉妬心を向けられる側も、余計なやっかみを避けようとするあまり無理し

て足並みをそろえ、「同調圧力」に屈してしまうことも少なくありません。

心身の不調を訴え、医師から仕事を休むよう診断されていても、「皆しんどい思いをしているのに、自分1人病気になって休むのは許せないと思われるんじゃないか……」と考えて休職を躊躇する方などは、「同調圧力」に振り回されている典型的なパターンでしょう。

私たち日本人は、幼少期からさまざまなシーンで、和を乱してはいけない、人に迷惑をかけてはいけないなど、周囲と同じように振る舞うことが求められます。

特に、学校教育でみんなと同じようにするのがいい子だと叩き込まれているため、職場という「個々の能力を存分に発揮してよい場」でも、周囲にあわせなければならないという心理が働いてしまうのです。

たしかに、人は「人間としては」皆平等です。

しかし、それぞれの「能力」には個人差があって当然なのではないでしょうか。

組織の一員である限り、業務遂行のために、ある程度は周囲と協力して業務にあたることは必要でしょう。

しかしそれは、せっかくの能力を隠してまで周囲と足並みをそろえたり、常に同調圧力に従わなければならないということではありません。

同様に、**周囲より劣っているところがあるからといって、体を壊すほど無理をしたり、自分を卑下する必要もない**のです。


このことは、一緒にランチに行く、同僚たちと週末に会うといった、業務以外のことにも当てはまります。

あなたが職場の人たちと協調すべきなのは、あくまでも業務においてです。

プライベートな時間まで、過度に周囲にあわせる必要はありません。自分の意思を尊重して行動していいのです。

周囲に振り回されないためには

社会人であれば、誰しも1度はこうした同調圧力を感じたことがあると思いますが、断りにくいからといってなんでも周囲に合わせ、受け入れていると、次第にあなたはめんどくさい人に依存され、都合よく利用される存在になってしまいます。

たとえば、あなたが嫌がっている、迷惑に思っているにもかかわらず、都合を考えずに「自分の話を聞いて！」「手伝って！」とやってくる同僚はいませんか？

そういう人に心当たりがある人は要注意。「あなたの都合を無視した言動を繰り返す」のは、あなたへの依存度が高まっているサインです。

さらに、そんな無理なお願いを断れないあなたも、相手に振り回されている状態に陥っています。

万が一このような状況になってしまったら、とにかく相手と物理的な距離をとってください。

全く会わない、話さないようにすることは難しいでしょうから、まずは相手が愚痴や悪口を言い始めたら、

「急ぎで対応しなければならない案件があるから、5分だけ聞くね」

というように、**時間を制限するところから始めてみましょう。**

「今ちょっと忙しいから、申し訳ないけど5分なら大丈夫」

「私も今余裕がないから、10分だけね」

など、お断りフレーズをいくつか用意しておくといいでしょう。

それができるようになったら、時間制限も外します。

「今忙しくて時間をとるのが難しい」
「今日は仕事の後（昼休み）に用事があって……」
など、時間をとりたくてもとれないことをアピールすれば、あなたが悪者になることもないでしょう。

私たちは、相談を受けるとつい、知らず知らずのうちに「いいアドバイスを返したい」と頑張ってしまうところがあります。

慣れない人が他人の悩みを受け止めることは、それだけでもかなりの精神的負担になるため、依存状態が続くとあなた自身が疲れてしまいます。

精神的に余裕がある時なら大丈夫かもしれませんが、そのような状態が長引けば「いい加減にして！」と大爆発してしまうこともあるでしょう。

依存タイプの人は悪気なくこうした行動をとっているため、今まで親切に話を聞いてくれたあなたが突然キレたと思い、逆ギレされることも少なくありません。

あなたの都合や気持ちを無視して依存してくる相手にも非があるのに、あなただけが悪者にされるなんてたまったものではありませんよね。

実は、私たち医療従事者も、患者さんに依存されないよう距離をとることがあります。

たとえば、こちらが提案する頻度よりも頻繁に通院したがる方は、医療従事者に対する依存度が上がっています。

そういう場合は、依存度が上がっている状況を説明したうえでお断りし、適切な距離を保つのです。

優しさや思いやり、協調性は大切ですが、他人に合わせてばかりでは振り回されてしまいます。

社会に出れば、周囲の尺度で物事を判断するばかりでなく、自分のものさしを持つことも大切です。

この「ものさし」とは何かというと、私は「感情」だと思っています。

会社では「やりたくないからやらない」というわけにはいきませんが、周りと足並みをそろえるために好きではないものを無理に好きになる必要はありません。

何を感じるかは、あくまでもあなたの自由。自分自身の感情まで否定しなくていいのです。

自分と相手のバランスをとる

ここでもう1つ覚えておいていただきたいのは、「組織においては、自分のものさしを持ちながら、もう一方では相手の立場に立って考える視点が不可欠」ということです。

相手の考えをすべて受け入れてばかりでは振り回されてしまいますが、自分のものさしだけでは周りを振り回してしまうことにもなりかねません。

いろいろなことを要求されることがあると思いますが、言われるがまま、やみくもに従ってもいいことはありません。

まず、相手の立場に立って現状を見渡してみましょう。

そして、相手が最も困っていることは何か、**それはあなたがやるべきことなのか考えてみてください**。

同僚の愚痴などは、仕事より優先順位が低いどころか、「あなた」が聞かなければならないものでもありません。

あなたが、自分のものさしで「今は、聞きたくない」と思うのなら、聞かなくてもいいのです。

急に自分のものさしで行動するのが難しいという人は、休み時間の振る舞いを変えることから始めてみましょう。

いつも同じグループでランチに行っているなら、ほかの人と一緒に行ってみる、もしくは1人で行ってみる。

誰かが決めたお店で食べているなら、自分も行きたいお店を提案するなど、業務と直結しないことからやってみるとやりやすいですよ。

日常でできそうなことから少しずつ始めてみましょう。

繰り返しになりますが、職場は仕事をする場所であり、友達を作りに行っているわけではありません。

職場の人間関係は、あくまでも仕事を円滑に行い、会社に利益をもたらすための手段です。目的のために、ある程度周りの人と仲よくするということであって、人間関係とは別の手段で目的を果たせるなら、それを使ってもいいのです。

自分を守るための「適切な距離」を保つ

私は、人の距離感というのは、0か100、仲がよい・悪いだけでなく、もっと曖昧なものだと思っています。

さらに言えば、距離感の捉え方や心地よい距離は、人によってさまざまです。

よく誤解されている方がいるのですが、**この「距離」をみんなに対して同じにする必要はありません。**

自分にとって心地よい距離が保てないと、エネルギーを消耗し、大きなストレスになってしまいます。

失礼な態度をとるのはよくありませんが、家族や恋人とに対する距離と、今日はじめて会った人との距離が同じではないように、人によって距離感が変わるのは自然なことです。

職場の人間関係の「基本の距離」は、「業務が滞りなく行える関係」です。近すぎず遠すぎず、相手も自分もストレスを感じない距離が、職場での人間関係における基本です。

より親密になりたい相手であれば、自己開示をしたり、ランチを食べに行くなど、業務外でのかかわりを持つようにすればよいと思いますが、そうではない人にもそのようにしなければと考えるのは距離感を間違えていると言えるのではないでしょうか。

距離を近づけることは悪いことではありませんが、それは必須でもなければ、強要する・されるものでもないはずです。

職場で問題を抱え産業医の私に相談にいらっしゃる方には、こういった距離の取り方を間違えている人が多いのです。

この距離感を確認するのにちょうどいいのが、普段の会話で、「互いの役割に応じた話題」を超えるかどうかです。

職場の人であれば、互いの役割に応じた仕事の話だけでOKです。

家族の話やプライベートの悩みを話題にしたり、休日一緒に釣りに行く計画を立てるような間柄は、職場の人間関係としては距離が近いと言えます。


距離を取りたい、離れたいと思っている相手ならなおさら、間を埋めるために無理して雑談をしたり、過去の失敗談など、話題提供をするのはやめましょう。


沈黙の気まずさから、つい話してしまうというパターンもあると思いますが、沈黙ができるということは相手も雑談が苦手な証拠。案外相手も話したくないと思っている場合もあります。

2人っきりの時などは、特に気まずさを感じると思いますが、あなたばかりが気をつかう必要はありません。

人との距離感は、少しずつ縮めることはできますが、徐々に遠ざけるのは難しいものです。

初対面からオープンで心理的な距離が近い人もいますが、相手の人柄が十分に分からないうちは、無理してオープンマインドでいることをやめてみませんか。

まずはフラットに、会社内の立場に応じた距離感をベースに、人間関係を作っていきましょう。

コミュニケーションのストレスを軽減するには

コミュニケーションの心構えとしてまず私が提案したいのは、**「めんどくさい人や気が合わない人には、嫌われて話しかけられなくなってもよいという考え方を持つ」**ということです。

何度かお伝えしてきたように、めんどくさい人との接触を回避する一番の近道は、「相手に『親しみが持てない人だな』と思われること」です。

めんどくさい人と話す機会が減れば、コミュニケーションストレスは自然と減りますので、「話しかけられない＝いいこと」だという感覚でいればよいのです。


最初からぐいぐい距離を近づけてきて、あなたの心に土足で踏み込むようなめんどくさい人は、あなたが迷惑がっていても気づきません。

自分が心地よく感じられるラインの内側に踏み込んできたと感じたら、態度を変えてみてください。

話を聞く時に、斜めに構えてみたり、間にカバンを置く、腕組みをする、視線を合わせないなど、近寄りがたい、親しみが持てないと思わせるような態度で接するのです。

いろいろ試していくと、相手も少しずつ変化していくでしょう。


夫婦や家族などの親しい間柄でも、長時間一緒にいると知らず知らずのうちに疲れるもの。
　まして苦手な人に合わせ続けるのはかなりストレスが溜まります。
　周囲の人との距離を時々確認し、近づきすぎない距離感を保っていきましょう。

嫌われない、憎まれない上手な断り方

　自分のものさしで物事を判断できるようにすると、依頼やお誘いを断るシーンも出てくると思います。
　そんな時に使える、「相手に不快感を与えない断り方」を3つのステップをご紹介します。

【相手に不快感を与えない断り方】
①感謝を伝える

②断りの理由と謝罪を伝える
③「次こそは」を匂わせる

この型の通りに断れば、たいていの場合、悪い印象を与えることは避けられます。

たとえば、残業をしてほしいと言われた場合は、すぐに結論を言うのではなく、「①感謝」を伝えます。

「ご依頼いただきありがとうございます」
「お声がけいただいてありがとうございます」

と言って、相手の気持ちや要望をいったん受け止めるのです。

いつも頼みごとをしてくる人に声をかけられると、感情が顔に出てしまいがちですが、ここはぐっとこらえて、笑顔でサラッと感謝を伝えるのを心掛けましょう。

次は「②断りの理由と謝罪を伝える」のですが、ストレートに「無理です。できません」だけではぶっきらぼうな印象を与えてしまいます。

「親を病院に送迎する約束があるので、申し訳ありません」

「久しぶりに地元から友人が来てくれて会う先約があるので、大変申し訳ございません」

など、相手が「それなら仕方がないか」と思うような理由を数パターン用意しておくと、咄嗟《とっさ》の時にも対応できます。

休日出勤を頼まれた場合なら、「友人の結婚式があり、その日は出社できません」「友達の引っ越しの手伝いをする約束が入っております」などもいいですね。

やりたい気持ちはあるけれど、忙しくて都合がつかない、という切り口で断ることが大事です。

実際に業務が忙しくて依頼を受けられないという場合は、68ページでもお伝えしたように、A4の紙でTO DO LISTを作り、それを見せて理解を得るという手もあるでしょう。

しかし、②で会話を終えてしまうと、依頼したほうも「あ、断られたな」と気まずさが残ってしまうので、3つ目のステップとして、「お声がけいただいたのにすみません。またよろしくお願いします」など、次こそは引き受けたい気持ちを伝えて締めましょう。

この3ステップで断ると、断ったにもかかわらず丁寧な人という印象を与えられ、断られたほうも「まあ、それなら今回はしょうがないか」という気持ちで受け止めることができます。

同僚間の場合、断ることができる分、断り方を誤ると普段のコミュニケーションにも支障をきたすことがあります。

めんどくさい人に揚げ足をとられないためにも、3ステップでのお断りをぜひ試してみてください。

こんな時どうしたらいい？　シーン別対処法

☑ 人の話を聞かない、自分に都合よく解釈されてしまう

人の話に耳を貸せない人は、自分中心に物事を捉えている人が大半です。専門用語では「自己中心性が高い」と言います。

このような人たちは、こだわりが強く、自分と違う考えに興味が持てません。

さらに、自分の思い通りにものごとを進めてうまくいった経験があるため、周囲の意見や考えを聞くことを軽視しがち。

人が何を言おうとも自分のやり方が決まっていて、完結しているのです。

こうした人たちは、医師にもたくさんいます。

患者さんがまだ1しか話していないのに、先回りして結論を言ってしまう。頭の回転が速い人が多いため、本人としては言われなくても分かっていると思っているのでしょうが、患者さんにしてみれば、「人の話を聞かない医者だな」と感じるわけです。

そのような性質がいいように働く場合もあるかもしれませんが、たいていの場合は気づかないうちに身勝手な行動をとっていたり、相手を傷つける言動をしていることも少なくありません。

残念ながら、こういう人たちに正論やあなたの考えをぶつけても無駄です。

相手がどう思っているかなんて関心がないので、何を言っても右から左に通り過ぎるだけ。

そんな人たちに注意を向けてもらうためには、あなたがちょっと工夫する必要があります。

聴覚に訴えるだけではスルーされてしまうのであれば、視覚を使ってみましょう。表やフローチャートなどを使って、細部まできちんと説明するのです。

さらに別の方法として、あなたが話を始める時に、

「○○さんの意見が聞きたいのですが……」

と前置きをして話してみてください。

こういう人は大体自分に自信を持っているので、この一言で、よりあなたの話に興味を持ち、意見も聞いてくれやすくなるでしょう。

噂話や陰口を言って職場の雰囲気を悪くする人がいる

このような人たちの特徴は、話題の中心が常に他人であるという点です。

「さっき上司に呼び出されて注意されちゃって……」

といった自分自身に関する話ではなく、

「途中入社の○○さん、A社を退職してここに来たんだって」

など、いつも他人の話をしていて、自分について話題にすることはほとんどありません。


このような行動の背景にあるのは、自己肯定感の低さです。

つまり、ターゲットに定めた人のマイナスな部分や、知られたくないと思っていることを周囲に広め、ターゲットの評判を落とそうとすると同時に「こんなことまで知っている自分はすごいだろう」と自らの評価を上げようとしているのです。

さらにタチが悪いのは、これら一連の行動をほぼ無意識のうちに行っているということです。

本人は、噂話を言っているどころか、「貴重な情報を教えてあげている」くらいの感覚なのです。

「聞き手」として彼らに選ばれてしまうと、相づちを打っただけのはずが共犯者にされたり、最悪の場合「あなたが言った」と罪をなすりつけられることも。

聞きたくもない話を聞かされた上に、あなたの評判まで落とされたらたまりませんよね。

こんな人たちへの対処法は、

- できるだけ同じ空間で過ごすのは避ける。雑談をしない
- とにかく悪口や噂に興味を示さないことしかありません。

とにかく距離をとって、悪口を聞かないようにすることがあなたを守ることになります。

その場から逃げられるのであれば、それが一番いいのですが、無理な場合はできるだけ興味ない素振りを徹底してください。

たとえば、雑談中に相手が悪口を言い始めたら、**「へー、そうなんですね」とだけ言って、相手と目を合わせずに、スマホを操作したり、業務に集中するふりをしたらいい**でしょう。

できるだけ当たり障りのないようにフェードアウトすれば、相手は話を聞いてくれる別の誰かを探して去っていくはずです。

☑ マウンティングされる

第1章でも説明したように、マウンティングする人たちは、自分に自信がなく、不安を抱えています。

本人がそれに気づいているパターンもあれば、気づいていないこともありますが、自信のなさや不安を周囲に悟られたくないために、自慢話でプライドを保とうとしたり、人を見下して優越感を保とうとしているケースが大半です。

そんな人たちへの対処法として私が提案するのは、「好きなだけマウンティングさせる」という方法です。

もしもあなたが彼らに「ライバル」と認識されてしまったら、相手はなんとかして自分が上だとアピールしようとします。

そこで真正面からぶつかると、相手はさらに過剰に反応してくるため、相手にすればするほどエネルギーを消耗してしまいます。

適当に相づちを打ちながら「お好きにどうぞ」くらいの感覚で聞き流し、あなたへの対抗心や興味が薄れるのを待ちましょう。

最初はイライラして聞き流すのが難しいと感じられるかもしれませんが、それはむしろ当然のこと。

マウンティングする人たちは、あなたをいらだたせ、反応させるために挑発的なことを言っています。あなたが自分の言葉に反応するのを楽しんでいるのです。

そんな言葉を聞き流すのは最初は苦痛が伴うと思いますが、マウンティングが始まったと思ったら、意識的に話を耳に入れないように心がけていきましょう。

そして、もう1つおすすめなのは、**「マウンティングが始まったら、相手を思いっきり褒める」**ということです。

人はあからさまに褒められると警戒するものですが、彼らは大きな不安を抱えているため、皮肉に気づくラインが極端に低いのです。

「○○さん、本当にすごいです！　一生かなわないです！」のように、普通の人なら「わざとらしい」と思うくらい大げさに褒めても、悦《えつ》に入《い》って聞いている場合が多いので、一種のゲームだと思ってやってみましょう。

承認欲求が満たされることで、逆に仕事を手伝ってくれるようになったり、役に立つアドバイスをくれる関係が築ける場合もありますよ。

☑ 自分のミスを責任転嫁してくる！

正直なところ、こういう人たちは要注意人物です。

こちらが我慢すればなんとかなるような問題ではなく、下手にかかわると、あなた自身に実害が及びます。

このような行動の背景には、完璧主義と自己愛が潜んでいます。

本来、仕事の失敗と人間的な価値は全く無関係なものですが、彼らはこの2つをイコールだと考えています。

失敗をしてしまったら、謝罪をした上で必要な対処をすればいいだけなのに、**謝る＝失敗を認める＝人としての価値が下がるからと思って謝ることができません。**

そして、あろうことかそのミスの原因を、濡れ衣を着せても声を上げないような人に責任転嫁しているのです。

それを防ぐ有効な方法はただ1つ。

「できるだけ、責任の所在をはっきりさせておく」ということです。

80ページでも説明したように、口頭で物事を決めず、メールやチャットでやりとりしましょう。

どうしても口頭になる場合は、

「先ほどの打ち合わせで〇〇という依頼をいただきましたので、その通りに進めさせていただきます」

というように、報告としてメールやチャットも送り、証拠として残しておくと安心です。

さらに、**1対1でのやりとりを避ける**のもいいでしょう。

第三者を交えて対応すれば、後々問題が発生した場合でも、証人がいる分被害を受けることを避けられるでしょう。

☑ 承認欲求が強い

「自分を認めてほしい」という欲求は、誰でも少しは持っているものです。

承認欲求自体は悪いものではないですが、大きくなり過ぎると、周囲の人はめんどくさいと感じるようになってしまいます。

このような人たちに対処する方法は3つあります。

1つ目は、承認欲求を上手に刺激するということです。

たとえば、あなたの苦手な仕事がある時に、

「私には荷が重たくて……。エースの○○さんにこの件を任せたいんだけど……」

と言って、仕事を依頼してみましょう。

承認欲求が満たされた相手は、喜んであなたの依頼を引き受けてくれるはずです。

2つ目は、相手が使った言葉をそのまま使うという方法です。

相手が、「今日は朝礼での発表がうまくいった」と言ったのであれば、

「スピーチよかったですよ」

と返答するのではなく、

「○○さんの朝礼の発表はとても勉強になりました」

というように、相手が使った言葉で返しましょう。名前を呼んで伝えると、さらに効果的です。

ちょっとしたことではありますが、承認欲求が強い人たちは、少し言い直されただけでも否定されたように感じられる人が多いのです。

普段の会話で少しずつ意識してみるといいでしょう。

3つ目のポイントは、些細なことでも感謝の気持ちを伝えること。

これは、承認欲求が強い人だけではなく、コミュニケーション全般に当てはまることだと思います。

人は、自分のことを見ている人がいる、というだけで満たされるものです。

きちんと感謝の気持ちを伝え、ほどよい距離感で上手に付き合っていきましょう。

利用してやろう、という気持ちで接するのではなく、人として当たり前のことを守りながら、相手の特性をあわせて接していくよう心掛けてみてくださいね。

「自分がやりたい仕事しかしない、一方的に仕事を押し付けられる」

誰でも得意な仕事、苦手な仕事、好きな仕事、嫌いな仕事はあるものなのに、やりたいことしかしないで、その他は同僚や後輩に押し付ける……。

周りの人からするとかなり迷惑な存在ですよね。

こういう場合は、迷わず上司に相談しましょう。

仕事の配分を決めるのは、本来上司の仕事です。あなたは深追いせず、第三者として上司を巻き込んで解決してもらうのがベストです。

やりたい仕事しかしない人・人に仕事を押し付ける人は、何かしら目的があってそうしているものです。

楽だからというのもあるでしょうし、社内で評価されやすい仕事だからかもしれません。

いずれにせよ、やりたいようにさせておくとつけあがる一方です。
エスカレートする前に早めに対処してしまいましょう。

第5章

理不尽なお客様、取引先への対処法

理不尽な顧客にやってはいけないこと

産業医や精神科医として勤務する中で、最近とても増えたなと感じるのが、お客様に悩まされている方からのご相談です。

ここまで理不尽な顧客が増えた背景にあるのは、「お客様は神様」「お金を払っているほうが偉い」という意識だと思います。

本来、商品やサービスを受ける対価として料金を支払うわけですから、消費者と事業者は対等な関係ですよね。

それ以前に、顧客だからといって店員の尊厳を傷つけるような言動をしてはいけないのは人として当然のことです。

ところが、最近はＳＮＳやネット上の口コミが想像以上の影響力を持つようになったため、ちょっとしたことで「ＳＮＳで拡散するぞ」と脅すような人も。

こうした流れからこれまで以上に図に乗る顧客が増えているのかもしれません。

事業者側としては、冷静に対話することで穏便に解決したいところですが、残念ながらこのような人たちには、**正論やこちらの事情は一切通用しません**。

とはいえ、サービスや商品を提供する側にも守りたい権利はありますよね。

この章では、その権利を守り、被害を最小限に抑えるための具体的な方策をお伝えしていきましょう。


理不尽な顧客は、当たり散らして帰っていくということもありますが、しつこく粘って何かしらの要求をしてくることが多いのではないでしょうか。

サービス内容の改善、商品の返品や返金、交換などは想像がつきますが、時にはそれ以上の過大な要求をしてくる人もいますよね。

このような場合、一体どのように対応すればいいでしょうか。

最もよくないのは、相手の要求を100%受け入れてしてしまうことです。

理不尽な要求が簡単に通ると思われてしまうと、1つだけだったはずの要求があれもこれもと膨らみ、相手をさらにつけあがらせてしまいます。

悪質なクレーマーも少なくないため、要求をはねつけるには勇気がいると思いますが、こうした人たちに1度屈してしまうと、これから先も悩みを抱え続けることになりかねません。

根本的な解決をするためには、その瞬間をなんとか乗り切ろうとするのではなく、「理不尽な要求は通りませんよ」ということを理解してもらう必要があります。

この章では、理不尽な顧客に対応するための心構えと具体的な対処法をお伝えしていきます。

クレーム対応の2つの心得

まず、悪質なクレーマーと向き合う時に最初にしっかり頭に置いておいていただきたいのは、理不尽な顧客の無理な要求やクレームは、自分個人に向けられたものではない、ということです。

顧客に名指しで呼びつけられ、怒鳴られたり、ねちねちと文句を言われたら、自分1人が怒られていると思いがちですが、多くの場合はそうではありません。

顧客は、あなた個人ではなく、あなたの会社、お店に対して不満があるのです。

「会社への不満の矛先がたまたま自分に向いた」

ということを忘れないでください。

責任感から、1人で解決しなければ、すべて受け止めなければ、と考える方もいらっしゃいますが、それではあなたがボロボロになってしまいますし、そのような精神状態で冷静にクレーム対応するのは不可能です。

理不尽な相手に「これ以上の要求は通りませんよ」という線引きをするためには、相手の言動を真正面から受け止めるのではなく、自分からの切り離して捉えることが不可欠なのです。

ここでおすすめしたいのが、**「1対1で対応するのは10分まで」など、時間を区切ること**です。

個人では1人10分、現場レベルで対応するのは最長30分までなど、明確なルールを定めておきましょう。

こうした相手は、要求が通るまで延々とクレームを言い続ける可能性もあります。つらい状況に終わりが見えないのは、精神的にかなり苦痛です。

実際にそのような場面に直面したことがある方はよく分かると思いますが、精神科医の立場から見ても、一方的に罵られる、文句を言われるという状況で冷静さを保っていられるのは10分が限界です。

最初にクレームを受けた人が10分間対応したら、「上の者に変わります」と言って、上司と交代しましょう。

そして上司も、10分対応したら、

「いただいたご意見は本部にあげさせていただきます」

「この場では判断いたしかねますので、後日改めてお話を聞かせていただけますか」

などと誘導します。

相手はなんとかこちらの承諾を引き出そうと食い下がってくると思いますが、ここが踏ん張りどころです。

ただでさえ、常識がズレた人たちなのに、頭に血が上った状態ではこちらが何を言っても通じません。

日を変える選択肢も入れつつ、時間をおいて、相手がクールダウンするのを待ちましょう。

このようなことは、病院でもよく起こります。

患者さんの権利がとても大きくなっているという背景もありますが、身体的・精神的につらい状態の方が来られているため、診察までの待ち時間が長くなると受付で怒り出す方もいらっしゃいます。

待ち時間が長すぎるのは、病院側にも改善すべき点があるかもしれませんが、受付で1時間も2時間もクレームを言われると、業務がストップして他の患者さんにもご迷惑がかかってしまいます。

そのため、あらかじめ「何分間は話を聞き、その後は対応する人数を増やして続きは後日」というルールを設けている病院がほとんどです。

クレーム対応については、マニュアル化されている企業が多いようですが、社員がその存在を知らないケースが多々あります。

まずは、自分が勤務する会社やお店にクレーム対応のマニュアルがあるかどうか調べてみましょう。

悪質なクレーマーに出会う前に知っておくと、精神的にも楽になると思いますよ。

キレやすい人の心理とは

前項では、悪質なクレームを入れて強引に自分の要求を通そうとする理不尽なお客様への対処方法をお伝えしましたが、些細なことで腹を立てる人のパターンは決まっています。

このような人たちに共通しているのは、自分が「悪質なクレームを言っている」とか「理不尽な要求を通そうとしている」と自覚していない、ということです。

むしろ大半の人が「正しいことをしている」と正義を振りかざしているつもりの

場合が多いのです。

客観的に見れば明らかにおかしいと分かるにもかかわらず、なぜこのようなことをしてしまうのでしょうか。

実は、この人たちの深層心理にも承認欲求が潜んでいます。

彼らは往々にして、「社会で自分の能力が正当に評価されていない」「存在が認められていない」と日頃から不満に感じており、承認欲求が満たされていません。「自分はもっと評価されるべき人間だ」と思っているため、期待した通りのサービスが受けられないと、「軽く扱われた」「見下された」という被害者意識が働いてしまうのです。

たとえば、若い店員さんを呼びつけて「接客のマナーがなっていない！　俺が教えてやる」といった態度をとる年配の方もいますが、この行動も「社会での自分の存在価値や必要性を認めさせたい」という深層心理の表れです。

キレることによって相手に謝らせることができると、その場をコントロールできたと感じ、自分が正しいと認められた気分になっているのです。

この「相手（場）をコントロールできた」と感じる気持ちを「自己効力感」というのですが、実はこれは、人間にとってかなりの快感です。

そのため、1度成功体験を得てしまうと、この快感を再び得ようとしてどんどんエスカレートしてしまうのです。

相手の怒りを収めるには

自分に非がないにもかかわらず、突然お客様にキレられる「事故」のような出来事は、誰にでも起きる可能性があります。

正しい対処法を知らないままだと、怖い思いをするだけでなく、火に油を注ぐことにもなりかねません。

逆に、対処法さえ知っておけば、どうすればよいか全く分からないより落ち着いていられるはず。最悪の事態を防ぐためにも、正しい対処法をあらかじめ頭に入れておきましょう。

理不尽な怒りをぶつけてくる人への基本の対処法は、大きく分けて2つあります。

まず肝心なのは、いくら怖くても、あたふたしたり、びくびくしないことです。内心では怖いと感じていても、堂々と毅然とした態度を心がけてください。

最初の印象で気が弱そうだと思われてしまったら、延々とお説教が続きます。

突然のことで面食らってしまうかもしれませんが、「私個人に言われているわけではない」「10分だけ耐えよう」と心を落ち着けましょう。

96ページで紹介した「メタ認知」を使うのもいいですね。

そしてもう1つ、絶対にやってはいけないことがあります。

それは、**キレている相手をなだめようとすること**です。


店長や上司、現場責任者など、立場のある方ほど、「まあまあ、そんなに怒らないでくれませんか」と、なんとか丸く収めようとしてしまうのですが、これは完全に逆効果。

そんなことを言えば、かえって「怒ってなどいない！ 失礼なやつだ‼」と逆上されることでしょう。


これは、「なだめる」という行為が、クレーマーにとっては「自分の怒りをあなたがコントロールしようとしている」と感じられるためです。

前項でも説明したように、「相手をコントロールできた」という自己効力感は、自分が感じるのは非常に快感なのですが、逆の立場になるととても不快に感じられることがあります。

そのため、なだめるのではなく、まずは相手の言い分をしっかり聞きましょう。

どう考えてもおかしなことを言っていると思ったとしても、「もしかしたら、こちらにも落ち度があったかもしれない」という気持ちで**とにかくまずは相手の言い分を聞いてみてください。**

「なぜ怒っているのか」「何に怒っているのか」、相手に全部吐き出させましょう。

話を聞く中で、やっぱり相手の言い

分がおかしいと感じても、絶対に反論してはいけません。「そんなに文句があるなら、もう来なくていいよ！」と思ったとしても、それが相手に伝わってしまうと、ますます相手の怒りを助長させてしまいます。

ここはぐっとこらえて、話を聞いてみてください。

相手が怒りを大体吐き出したと感じたら、次のステップに進みます。

相手の「怒りたくなる気持ち」にだけは共感を示して、

「お気持ちはよく分かりました。不快な気分にさせてしまい、大変申し訳ございません」

と謝罪してみてください。

ここで謝るのは、「せっかく来てもらったのに、相手を不愉快な気持ちにさせたこと」だけであり、こちら側に全面的に非があることを認めるのではありません。

これだけで怒りがゼロになることはありませんが、怒っている気持ちに対する謝罪が届くだけでも、怒りのピークを越え、トーンダウンすることは間違いありません。

そのようにして相手が落ち着いてきたところではじめて、相手の話に対応していきましょう。

正当な部分があれば、今後改善することを伝え、理不尽な要求には対応できないことを粘り強く伝えていくのです。

何度も言いますが、悪質なクレーマーに対して一番してはいけないのは、その場の怒りを収めるために、「今回だけは」と相手の要求をのむことです。

一見手っ取り早く解決できそうな気がしますが、このようなタイプの人たちは1度味をしめると、次も、また次も、とさらにひどい要求を突き付けてきます。「何を言ってもダメだ」と、相手に諦めてもらうことが根本的解決につながるのです。

「あくまで組織に対するクレーム」であることと「時間制限」を意識しつつ、怒りのボルテージが高まってきたと思ったら、「感情に共感する」を繰り返す。

そのような流れで、相手が諦めるまで根気強く対応することで、「理不尽な要求は通らない」という姿勢を貫くことが、根本的解決につながります。

相手に断る余地を与えない人に対処する3つのポイント

接客業に限らず、高圧的な態度で要求を通そうとしたり、相手に断る余地を与えないような取引先、クライアントに悩まされている方は少なくありません。

個人の付き合いではなく、組織同士の関係であるため、関係性を悪くしないよう気を遣うあまり、無理難題をのんでしまいそうになることもありますよね。

しかし、クレーマー同様、1度こうした人たちの要求をのんでしまうと、自分の首を絞めることになったり、会社全体に迷惑をかける結果になってしまうことも。

「できないものは、できない」という態度を貫くことが大事です。

とはいえ、クライアントの要求を断るのは、かなりの勇気が必要ですよね。会社にクレームを入れられたら、上司に怒られたり、社内で問題になってしまうかも……。

そう思うと、怖くて断れない気持ちも分かります。

こうしためんどくさい人たちの強引な要求をうまくかわし、かつ穏便に事を済ますポイントは3つあります。

これらのポイントさえ押さえておけば、強引な要求を泣く泣く受け入れることも、断ったことで大きな問題になることもないはずです。

①1人で解決しようと思わない

②返答を急がない

③10分以上は話を聞かない

1つ目から順に見ていきましょう。

「1人で解決しようと思わない」というのは、仮にあなたが全面的に任されているクライアントだとしても、**すべての局面をあなた1人で解決しなければならないわけではない**、ということです。

たとえば、最初は「サンプルとしていくつか商品を無償提供してほしい」というような担当者レベルで解決できる要求だったとしても、エスカレートすると度を超えた値引きを求められたり、最悪の場合、法に触れるような事態に発展することもあります。

クセのあるクライアントだと感じたら、ことが起こる前に上司やチームに情報を共有しておきましょう。

特に、強引な要求をされた時は些細なことでも必ず報告するようにしてください。状況を全く知らないまま突然大きなトラブルが起こったら、会社としてとるべき対応が遅れてしまうこともあります。

また、担当者レベルでなんとかできると思って無理して対応していると、いざ大事になった際、「以前はこういうことにも対応してくれた」などと暴露され、あなたの立場が悪くなってしまうことにもなりかねません。

あくまでも、クライアントとのトラブルは、個人ではなく会社組織で解決するべきもの、という意識を持っておいてください。

2つ目は「返答を急がない」ことです。

これは、前述の「会社組織で対応する」という意識も持っていれば、自然とできることではないかと思います。

相手の要求に対する回答を、あなたがその場で言う必要はありません。

たとえ断る余地を与えないように詰め寄られたとしても、淡々と受け身で聞き流しましょう。

「私個人では判断できかねますので、1度社に持ち帰って検討します」

「予算やスタッフのスケジュールを確認しますので、後日お返事いたします」

等、どこでも応用可能なお断りフレーズをいくつか用意しておくといいでしょう。

相手はあの手この手を使ってあなたのＹＥＳを引き出そうとしてくると思いますが、あわてて返事をすると口車に乗せられてしまいます。

流れに乗せられないよう、タイミングや場を改めるよう誘導しましょう。

最後は、前項でもお伝えした「10分以上話を聞かない」です。

面倒な状況に1人で対応できるのは、10分が限度です。

「この要求を受け入れてくれるまで、この場を動かない」

というようなことになった場合は、10分を目安に、

「私1人では決められないので、上の者を呼んできます」

と言って担当を代わるか、

「この件はどうしても私1人では判断できないので、上の者と協議します」

として、1旦その場をお開きにして長期戦に持ち込みましょう。

時間を置くことによるクールダウンの効果は絶大です。

もし部下からバトンタッチされた場合で、交渉が始まって30分以上経過しているのなら、それ以上話しても埒《らち》はあきません。

「部内では判断できないので、社内で検討の上、対応を決定します」

など、現場レベルでは扱えない案件であることを伝えましょう。

何度も言いますが、あくまであなたはクライアントと会社のパイプ役。

その場には、あなたと先方の担当者しかいなかったとしても、あなたは会社の担当者として、相手は相手企業の担当者として話しているのであって、個人で付き合っているわけではありません。

自分でやるべきことと組織の力を借りるべきシーンをうまく使い分け、クライアントとの良好な関係性を保っていきましょう。

理不尽な要求をかわす交渉術

ここまでの対応で引き下がってくれればよいのですが、強情なクライアントとは、押し問答のようになってしまうこともあるでしょう。

そのような難しい局面を乗り切るポイントを1つご紹介したいと思います。

それは、「相手主体で交渉を進める」ということです。

たとえば、「見積金額を安くしてほしい」と要求されているとしたら、

「具体的には何％ほどをご希望ですか」

と質問してみてください。

相手は、あなたに忖度《そんたく》させることで「あなたから値下げをした」という事実を作り、それに対してさらにいちゃもんをつけることで最大のリターンを得るのが目的です。

そうさせないために、**最初に相手に上限を決めさせる**のです。

そんなことを言ったら相手は無理難題をふっかけてくるのでは……と思うかもしれませんが、個人の顧客とは違って、相手も組織の人間です。自分からあまりに不当な要求をすれば、発覚した時に自分が責任を問われることになるため、かえって無理な要求ができなくなるのです。

それでも不安な方は、このようなひと言を付け加えるといいでしょう。

「確実にその金額にできるとはお約束できませんが……」

「（複数の要求がある場合は）すべてにお応えできるかは分かりませんが……」

こう前置きして相手の要求を確認することで明確に予防線をはることができます。

逆に、具体的な要望を述べず、のらりくらりとかわされる場合は、

「社で検討するにも、具体的なご要望を伺わないことには話を進められませんので……」

「検討の際の参考にさせていただきますので……」

と伝えると、相手の要求を引き出しやすくなります。

そのようにして相手の要望を引き出したら、再び「ありがとうございます。必ずできるとお約束はできませんが、社に持ち帰って検討します」と念を押しましょう。

このようにすることで、**ＹＥＳ／ＮＯの回答を避けながら、相手にも「一旦要求**

が受け入れられた」という印象を与えることができ、その場を丸くおさめられるはずです。

これが、「相手主体で交渉する」という意味です。

ちなみに、この交渉のしかたは、あなたが交渉を持ちかける場合にも有効です。たとえば、納期を1週間遅らせてほしいと交渉するのであれば、まず相手の希望を引き出します。

「ミスなくお届けしたいので、細部まで確認が必要です。そのため納期を遅らせていただきたいのですが、いつ頃までお待ちいただけますか？」

本当に急を要する案件であれば、最初から納期厳守を要望されるはずですから、多くの場合は多少のゆとりがあるはずです。

しかし、最初からこちらの要求を押しつけてしまうと、それが相手の許容範囲を超えている場合、「めちゃくちゃなことを言う人だ」と思われてしまうでしょう。

あまりに無理な要求をして相手の心証を損ねてしまうと、仮にその時の交渉がうまくいったとしても、あなたに対する信頼は地に落ちてしまいます。
相手の許容範囲が、必ずしもあなたの希望と合致するわけではないと思いますが、その時は今一度、あなたのほうで努力できる部分がないか検討してみましょう。

たとえば、相手が「3日なら大丈夫ですよ」と言ったとしたら、
「可能であれば1週間延長いただければと思っていたのですが、それはさす

がに難しいかと思いますので、5日遅らせていただけないでしょうか」

など、譲歩することが重要です。

あなたが先に譲歩する姿勢を見せることで、相手からも「もう少し譲ってあげようかな」という気持ちを引き出すこともできるでしょう。

めんどくさい人が相手でなくても、交渉は双方の歩み寄りが大事です。

まずは相手の要求をしっかり聞いて、焦らずじっくり対応していきましょう。

断ることで険悪なムードになるのを避けるには

ここまでの対応で相手の攻撃をかわすことができたとしても、はっきりお断りをしなければならないシーンは必ずあるでしょう。

社内で検討します、と言ってその場から逃れられたとしても、検討結果を伝えるのは、基本的に担当者であるあなたです。

運良くお断りの席に上司が同行してくれたとしても、取引停止や担当変更でもない限りは、担当者としてクライアントに会わないわけにはいきません。今後のためにも、険悪な雰囲気になることは避けたいところですよね。

そのために心にとめておくべきなのは、検討結果と合わせて、相手のプラスになる情報を具体的に伝える、ということです。

無理な要望であったとしても、その中に多少でも「たしかに」と思える部分があったとしたら、それをこのようにフィードバックするのです。

「いただいたご意見、ご要望は貴重なものと社内でも認識しておりますので、今後業務改善に向けて動いていきます」

「管理職会議で報告し、検討した結果、全社の問題として深く受け止め、改善の具体案を考えていく予定です」

または、より具体的に、

「予算の中でクオリティの高いものを提供できるよう尽力します」

「今後はサンプルとしてお貸しできるデモ機の導入も検討しております」

などと言ってもいいでしょう。

今回はお断りしたけれども、相手の意見のおかげで、あなた個人だけではなく、会社として長期的なスパンでプラスになったという報告することで、相手の承認欲求を満たすのです。

「自分が言ったことが無駄ではなかった、認められた」と感じられれば、たとえ今回は要望が受け入れられなかったとしても結論に納得することができます。

わだかまりを残さないためにも、相手の納得を引き出せるようしっかりフォローしてあげましょう。

その誠意が伝われば、険悪にならないどころかあなたや会社に対する信頼度がアップすることもありますよ。

こんな時どうしたらいい？　シーン別対処法

「5」キレて話が通じない

完全にキレてしまっていて、言っていることも支離滅裂、しかもあなたには全く非がない……。

このような人の対応をしなければならないのは、とんだ災難ですね。

基本はクレーマーへの対処方法と同様に、「要求をのまない」「自分個人への批判だと思わない」「対応するのは1人あたり10分まで」ですが、それでも収まらない時もあるでしょう。

共感しても、人を変えても、怒りが収まるどころかヒートアップし、金品を要求されたり、損害賠償、慰謝料請求というワードまで飛び出すことも。

そのようなことを持ち出されると、パニックになってしまうと思いますが、このような場合に効果てきめんなひと言があります。

それは、「顧問弁護士に相談させていただきます」です。

「えっ、うちには顧問弁護士なんていないけど……」という方も大丈夫。「弁護士」というワードをちらつかせることで話を切り上げることが目的なので、本当にいなくてもいいのです。

弁護士のほかに、警察という言葉も効果的ですよ。

「顧問弁護士に相談してから回答しますので、ご連絡先を教えていただけますか？」と、相手の個人情報を確認するそぶりを見せると、さらにプレッシャーを与えることができます。

意味もよく分からないまま「損害賠償」「慰謝料」などと騒いでいるクレーマーもいますが、実際そのようなことで訴えを起こしたとしても、不利になるのは相手のほう。あなたが堂々と対応すれば、ひるんだ相手は自然に引いていくでしょう。

ことを荒立てるようで気が引けるかもしれませんが、こうした相手に遠慮は無用です。むしろ、こちらが強気に出なければ止まらないと思っておいていいでしょう。

見下すような態度をとられる

お店の店員を見下して馬鹿にしたり、些細なことをあげつらうのは、日常生活で承認欲求が満たされていないから。

怒りをぶつけて相手を従わせることで、「自分の存在や能力を認めてもらえる機会がない」という欲求不満な状態を解消しているのです。

彼らにすると、「お店ではお金を払えば店員さんから客として認められている」「お店にとって自分は必要な存在」という認識です。

彼らにとってお店は、承認欲求が満たされ、劣等感が解消できる大事な場なのです。ある意味とてもかわいそうな人たちですが、対応する側はつらいですね。

しかし、最もよくないのは、こちらもイラっとしてしまうことです。

正面からぶつかってしまうと、劣等感を刺激された相手はさらに怒りだします。

相手が怒れば怒るほど、あなたにとってめんどくさい事態になるので、

「承認欲求が満たされず、欲求不満なかわいそうな人だ」

と思いながら聞き流しておきましょう。

「お客様だからって何を言ってもいいと思ってるの?」

と感じるかもしれませんが、あなたが自分の態度に反応しないと分かれば、相手

はおもしろくないと感じてターゲットを変えるでしょう。

このような人たちは、ひどい劣等感を持っているため、ちょっとしたひと言や態度で「否定された」と感じてしまいます。

下手に刺激すると、余計に時間とエネルギーを消耗するだけです。

95ページのように、「この接客が終わったらコーヒーを飲もう」など、終わった後の姿をイメージしながら受け流してみてください。

「言っていることがコロコロ変わる」

営業職の人などは、こうした取引先に振り回されるというシチュエーションに直面することも多いのではないでしょうか。

この間ほしいと言っていた資料を作って持っていったのに見向きもせず、今度は全く違うことを言いだす……。

そんな取引先には辟易《へきえき》してしまいますね。

こうした相手には、基本的には第４章の「責任転嫁してくる人」と同じように対応するといいでしょう。

相手が顧客である以上、「言った」「言っていない」という話になればあなたが不利になるため、きちんとメールに残しておくことが大切です。

自分のためのメモとして残しているだけでは、周囲を味方につける材料としては不十分なので、アポの後にお礼メールと称して依頼内容を確認したり、途中経過の報告で相手にメールを送っておきましょう。

その時点で、「そんなこと言っていない」と返信がきたら、もう一度確認してストップすればいいですし、特に何も返事がないなら進めてもいいということですから安心ですね。

電話で話した内容でも、改めてメールで送っておくことで、内容に相違がないかどうかの確認もできます。

このような対策を打ってもまだ意見をコロコロ変える取引先には、こちらもジャブを打って対抗しましょう。

「この間このようにおっしゃっていたかと思いますが、方針が変わったということで間違いありませんか」

など、はっきり確認することで「何を言っても黙っている人ではない」ことをアピールするのです。

また、できれば1人で対応しないことも大事です。

事前に上司やチームに状況を共有しておき、担当者と1対1ではなく、メールを送る時には**双方の上司をCCに入れるなどで巻き込んで、複数で情報を共有しておくようにすれば、大きな問題は防げます。**

うやむやにすると毎回同じことをされ、あなた個人だけではなく会社全体の損失につながることもあります。
勇気を持って、具体的に行動してみましょう。

☑仕事とは無関係のどうでもいい指摘が多い

1度や2度ならまだしも、何度も仕事と関係ないことを言われたら腹が立ちますよね。

いくら指摘された部分を改善しても、次から次へと指摘される部分が出てくる場合は、おそらくそのクライアントはあなたの仕事ぶりに不満があるのではなく、あなた自身をよく思っていなかったり、サービス自体、もしくは会社全体に不満があるのかもしれません。

指摘されていること自体は、一理あることだったとしても、全ての要望には対応できませんよね。

こんな人に対して、私が提案する対処法は2つです。

1つは、「ありがとうございます」と言って、適当に相手に合わせる方法。気持ちは全然込もっていなくてOKです。受け流すということですね。

そしてもう1つは、単刀直入に聞いてみる方法です。

相手から不満をぶつけられたら、「私（もしくは私たちの会社）のことをあまりよく思っていらっしゃらないのでしょうか？」と質問してみましょう。

相手がびっくりして聞き返してきたら、このように伝えてみてください。

「ご指摘は大変有り難いのですが、本業やサービス内容から離れたご指摘が多く、私たちのことを根本的によく思っておられるのかと思いまして……」

こうしたタイプの人たちは、131ページのネガティブな発言を繰り返す人と同じように、自分の言動が周りの雰囲気を壊していることに気づいていないケースがほとんどです。

はっきり意志を伝えなければ、延々と小言を聞かされ続けることになります。

「ご指摘は大変有り難いのですが、業務と直接的にかかわりがないことについては、対応いたしかねます」

など、ハッキリこちらのスタンスを伝えましょう。

厳しいようですが、こうした人たちにはしっかり言葉で伝えなければ通じません。嫌そうな態度くらいでは気づかないのです。

☑ どうでもいいことにこだわる

仕事についての要望ならいざ知らず、本筋とは無関係などうでもいいことにこだわれるのは避けたいですよね。
1つひとつの要望は大したことがなかったとしても、積み重なると大きな時間や手間がかかることになります。

この場合の目標は、「相手の要望を断る」ことですが、その際に気を付けていただきたいのは、杓子定規に断らないということです。

「会社の規定でできません」

と、言い切ってしまうのではなく、まずは相手に共感する姿勢を見せましょう。

160ページで紹介した「相手に不快感を与えない断り方」は、テンプレートのようなものなので、どんなシーンでも応用可能です。

この3ステップをしっかり頭に入れて対応してみてください。

①感謝する
②理由をつけて断る

③「次こそは」を匂わせる

「会社の規定で」という理由は正論ですが、言われたほうは、頭では相手の言い分が正しいと分かっていても、自分が無下《むげ》に扱われたように感じてしまいがちです。

たとえば、オンラインＭＴＧや電話で済む要件を、どうしても対面で話したいという取引先には、彼らなりの理由があるはずです。まずはそれを聞いて、

「おっしゃる通りです。対面を希望していただきありがとうございます。お気持ちは分かりました」

と、共感を見せたうえで、

「ただ、大変申し訳ございませんが、今このようなご時世なので……また落ちついた時にはよろしくお願いします」

と言えば、同じ断るにしても、かなりマイルドになります。

マズローの欲求5段階説でも触れたように、人間の5つの欲求のうちのどれを重視するかは、人それぞれ違います。

上司が挨拶を返してくれないということが、精神的にまいってしまうきっかけになることがあるように、あなたにとっては些細に思えることでも、それが原因で人間関係がギクシャクしてしまうことはよくあることです。

そのことを頭の片隅に置いて、相手を尊重しながら良好な関係を保っていきましょう。

第6章

ストレスをためないメンタルセルフケア

60点で自分に「合格！」をあげよう

コロナ禍になって以来、在宅勤務やリモートワークが当たり前になったことで、めんどくさい上司と顔を合わせずに済むので、人間関係の悩みがなくなった、という人も多いでしょう。

一方で、これまでなら気軽に「手伝って！」「ここってどうしたらいい？」と言えたのに、きっかけがつかめず1人で仕事を抱え込んでしまうようになった、という人もいるのではないでしょうか。

ここまで、さまざまなめんどくさい人への対処法をお話ししてきましたが、職場の人間関係で悩んでいる人の中には、助け合いや協力しあうことを「相手に迷惑をかけている」と考えて、なかなか人に助けを求められない人も少なくありません。

遠慮するあまり、キャパシティ以上の仕事を引き受けてしまったり、一人で悩みを抱え込んでしまう人も……。

「お互い様」という考えがなく、人に助けてもらうという選択肢が最初からない、という人たちは、職場の人間関係で悩みやすい傾向があります。

「人に迷惑をかけることが嫌」というのは、責任感が強く、よい面もありますが、限界まで我慢して、ある日突然爆発してしまうと、会社に大きな迷惑をかけてしまうことにもなりかねません。迷惑をかけたくないと思うあまり、かえって自分も周囲も大変な状況になってしまうのは残念ですよね。

そうならないためには、自分のキャパシティーをきちんと把握しておきましょう。

それを越え始めたら、意識的にヘルプを求めるようにしてください。

それが大きなトラブルを防ぐカギになります。

今まで「頼る＝迷惑をかける」と考えていたあなたにとって、急にヘルプを求めるのは難しいことでしょう。

しかし、会社はあくまでもチームプレー、助け合いが基本です。

いざという時にお願いができるようになるためには、普段から小さなＳＯＳを出すトレーニングをしておくことが重要です。

すべて完璧にこなせるように見える人でも、こちらが知らないだけで、案外苦手なことはあるものです。何もかも１００点満点がとれる人なんていませんし、そもそも日常業務において１００点満点が求められることはほとんどありません。

あなたの中では60点だったとしても、他人から見たら十分及第点。まずは60点で自分に「合格」をあげていいという考えを持って、肩の力を抜いていきましょう。

在宅勤務やリモートワークで仕事ができるようになった今は特に、トレーニングする絶好のチャンスです。

普段の職場では、相手の態度や反応を気にして頼みごとがしにくかった方も、メールやチャットでなら気軽にお願いしやすいのではないでしょうか。

自分で自分に課しているハードルを下げ、上手に周囲の力を借りるコツを身につけることで、職場の人たちとラクに付き合っていけるようになりましょう。

「小さな質問」でSOSを出す練習をしよう

これまでずっと1人で解決しようと頑張ってきた方にとって、急に「周囲を頼りましょう」と言われても「そんなの無理!」と思うかもしれませんが、SOSと言っても深刻な悩みを打ち明ける必要はありません。

ステップを踏んで、少しずつSOSを出す練習をしてみましょう。

まずは、**「SOSを出して助けてもらえた」という小さな成功体験を積むことが大事**なのです。

最初のステップは、SOSの合図を受け取ってくれそうな人を探すことから始めましょう。

100％の自信を持って、この人なら悩みを聞いてくれる！　と確信できる人を探すのは難しいでしょうから、仲のいい同僚や後輩、家族や友達でもいいので、話しやすい人に小さなSOSを出してみましょう。

SOSの内容は、「ワード文書をPDFに変換するのって、どうするんだったっけ？」など、相手にも負担がなくさらっと解決しそうなことがいいですね。小さなSOSであれば、さほど相手の負担になることはありません。むしろ、誰かの役に立てるのは、多くの人にとってうれしいことです。

ファーストステップでは、頼って、教えてもらえて、「頼んでいいんだ」「質問していいんだ」という感覚を持つことが大事です。

普段から「この人はこの分野に詳しい」と、周囲の人の得意分野を把握しておけば、適任者に聞けるので解決しやすいでしょう。

思いつきで頼んでしまうと、小さなことでも相手が分からない場合があります。パッと解決すると思ったのに、予想以上に相手の時間を奪ってしまうと、迷惑をかけてしまった……と感じて自己肯定感がさらに下がってしまうので、相談相手選びは重要です。

他人の様子に気を配り、気持ちを汲み取ることができるあなたなら、このような人間観察もきっとできるはず。

もしかすると、すでにやっている人もいるかもしれません。

一度できたら、次のステップはとにかく成功体験を増やすこと。

少しずついろんな人にＳＯＳを出していくことで、自然と助け合いの関係を築いていくことができます。

自分で自分をメンテナンスしよう

自分をいたわることは、誰にでも必要なことです。

人間関係に悩んでいないという人も必要なのですから、めんどくさい人に日々接している人ならなおさら、自分をメンテナンスするのは必須と言えるでしょう。

「自分をいたわる」というと、温泉に行く、マッサージを受ける、美味しい物を食べに行く、旅行に行く……ということを想像すると思います。

たしかに自分が好きなことをするというのも1つの手ではありますが、頻繁に行うには少しハードルが高いのではないでしょうか。

毎日いろんなことが起こるわけですから、自分のメンテナンスはもっと身近なところで定期的にできる方法がよいのです。

そこで、誰でも毎日簡単にできる「自分をメンテナンスする方法」を2つお伝えしましょう。

まず1つ目は、「自分を褒める」こと。

この本を読んでくださっている多くの方は、「自分を褒める」ことに慣れていない方が多いのではないでしょうか。

「一体自分のどこをどう褒めればいいの?」と思われる方も多いでしょう。

しかし、私が提案する「自分褒め」は、自分の長所やよくできている点にフォーカスするのではありません。

日常生活で頑張っていることや、本当はつらいことを褒めるのです。

たとえば、朝起きることでもOKです。

朝、もっと寝ていたいけど、なんとかちゃんと起きられた！

私の基準では、それはもう十分褒めるに値するポイントです。

朝起きることは当たり前のことだと思うかもしれませんが、意外と難しいことですよね。

眠たい目をこすって、体を起こして、そして仕事をする。

職場にめんどくさい人がいるなら、なおさら大変なことだと思います。

しっかり自分を褒めてあげてください。

このように、いつでも自分を褒めることを習慣にしていただきたいのですが、**ま**

ずは夜寝る前などの決まった時間に1日を振り返って自分を褒めることをおすすめします。こうすることで、承認欲求が満たされ、自分を癒すことができます。

そして2つ目の方法は、「感謝を伝える」ことです。

人に感謝の気持ちを伝えることがどうして自分をいたわることになるのか、不思議に思われるかもしれませんね。理由は簡単です。

誰かに感謝の気持ちを伝えると、伝えたほうも温かい気持ちになるからです。

感謝をすることは、自分が相手から恩恵を受けていると意識することなのです。どれだけ愛されて、どれだけ気にかけてもらっているか、振り返るチャンスです。

相手は、家族でも友人でも、コンビニの店員さんでも大丈夫。

普段面と向かって「ありがとう」と言わない人に、感謝の気持ちを言葉にして伝えてみてください。はじめは照れて言いにくいと思いますが、習慣にすることで必ず自分自身にとって大きなプラスになるでしょう。

誰かに手伝ってもらったり、助けてもらった時も、「すみません」ではなく、「ありがとう」と言ってみてください。

相手も「喜んでもらえてよかった」「感謝されてうれしい」と感じますし、あなた自身も「迷惑をかけた」という気持ちから「助けてもらってうれしかった」「助かった」という気持ちに切り替えることができるでしょう。

「ありがとう」のひと言で救われる人はたくさんいます。

相手に喜んでもらって自分も温かい気持ちになり癒される、なんて素敵ですよね。

自分に自信を持つ方法

自己肯定感が低く自信がない人は、

「僕なんて学歴がないし」

「名前が知れた会社で働いたこともないし」

「やりがいがある、やりたい仕事ができているわけじゃないし」

など、根拠がないと自信を持てないと思っている人が少なくありません。過去の失敗や現在の状況が不変のものと信じ込み、完全に囚われてしまっているのです。


自信というのは、「自分で自分をどう捉えるか」が深く関係しています。

このセルフイメージを高めることが、自信を持つための一番の近道ですが、**セルフイメージは成功体験を詰むことで高められます。**


成功体験といっても、必ずしもみんなが驚くようなことを成し遂げる必要はありません。


自信をつけるために本当に重要なのは、数です。

大きな成功体験1つよりも、小さな成功体験が10個あるほうが、「自分っていいな」と自信が持てるようになります。

たとえば「めんどくさい上司に自分から挨拶しよう」ということでも十分です。トライしてうまくいったことならなんでも成功体験だと思ってください。

意識的に、小さな成功体験をたくさん作って、見逃さないようにしましょう。

また、多くの方は、先ほどの「めんどくさい上司に挨拶する」といった自己実現の欲求をかなえることだけが成功だと思っているのですが、第3章で紹介した「マズローの欲求5段階説」をベースに考えると、さまざまな成功体験を得ることができます。

たとえば、あなたがいつも2時に寝ているとしましょう。

朝9時から会社だとしたら、寝不足になってしまうでしょうから、本来もう少し早く寝たほうがいいですよね。

頭では分かっているのに、なかなか眠れないという方も多いと思います。

ここで「生理的欲求」を満たすためにどうしたらいいか？　と考え、実際に行動してみるのです。

「睡眠の欲求を満たすには、最低でも6時間は寝たいから、24時までには布団に入ろう。そのために、残業を1時間減らして21時には帰宅するようにしよう」

と計画してトライしてみてください。

もしそれがうまくいったら、自分を褒めてあげましょう。

また、ご飯を3食食べられたというのも、1つの立派な成功体験です。

3食食べられない日がある人は、その理由を1度しっかり考えてみましょう。

仕事が忙しくてお昼を抜いてしまうのか、体調が悪くて食べられなかったのか、食欲がなくて食べられなかったのか……。

理由が分かったら、それに応じて計画を立て、実際にチャレンジしてみましょう。

忙しくてお昼に席を離れられないのであれば、10分早く家を出て、お弁当を買っていく、というのでもいいですね。

どうしても時間がない時は、SOSを出す練習も兼ねて後輩にお弁当を買ってきてと頼むのもいいと思います。

自分を褒めるポイントは、このようなことでもいいのです

このようにして決めたことを継続することができたら、「3・3・3周期」でさらに自分を褒められていることを振り返りましょう。

「3・3・3周期」とは、3日、3週間、3か月いうスパンのこと。

毎日自分を褒めるだけでなく、**よいことを継続し、習慣化できた自分を定期的に振り返ることができたら、さらに自信が持てるようになるはず**です。

些細なことのようですが、自分が決めたことを守れている、欲求を満たせているという感覚が自信につながり、自己肯定感も高まっていきます。

自分で自分を否定してしまう時は

周囲の人に、

「この間こんな失敗をしてしまって落ち込んでるんだよね」

と打ち明けた時に、

「えっ。あの時私もその場にいたけど、うまくできてたじゃない。全然失敗じゃないよ」

と驚かれたことはありませんか。

いくら自信をつけたいと思っても、ちょっとした失敗をするとすぐに「自分はなんて駄目なんだ……」と悩んでしまう……。

思い当たるところがあるとしたら、もしかしたらあなたは無意識に１００点を狙っているのかもしれません。なんでも完璧にできなければならない、１００点満点でなければ、と思うあまり、90点でも「失敗した」と感じてしまうのです。

このような方たちは、失敗をすると自分の価値が下がってしまうのではないかという強い恐怖心を持っています。

自分に自信がない分、どうしても小さなミスや自分のうまくいっていない部分に目がいってしまうのです。

前項でも書きましたが、仕事を始める時は、

「もしうまくいかなかったら、誰かに助けを求めよう」

と、軽い気持ちでスタートしてみましょう。

もちろん、それが甘えになってはいけませんが、あなたの周りの人たちも、きっとそのくらいの気持ちで仕事をしている人が多いと思います。

あなただけが、聖人君子のようにすべて完璧でなくてはならないわけではありま

せん。

仮に失敗したとしても、「こんなこともあるよね」という気持ちで、次回改善できることや具体的な対策を考えていけばよいのです。

このようなスタンスで、失敗を受け流せるようになればいいのですが、それでも落ち込んでしまうことはありますよね。

そんな時は、無理にポジティブに考えようとする必要はありません。「自分ってだめだな」と、ネガティブになっている自分も肯定していいのです。

落ち込んで自分を否定してしまっても「こんな時があってもいい」と自分を許してあげましょう。

「こんなネガティブな自分ではだめだ」と思うのは、逆に自己否定を深めてしまいます。

「自分を否定してしまう自分もいるな。こんなこともあるよね」と自分を受け入れてあげましょう。

メタ認知で考えや思考の癖をなおす

自信が持てない、落ち込みやすい、すぐ心配になるといった方にチェックしていただきたいのは、

「その不安や自己否定感は、あなたの思考の癖によって生み出されたものではありませんか？」

ということです。

人間の思考には、癖があります。

成功体験がたくさんある人は、新しいチャレンジをする時も「やってみよう」「今度もきっと大丈夫」と思えます。

しかしそうでない人は、何もしていないのに「どうせ自分にはできない」「やっぱり自分はダメなんだ」と自動的に負のループに入ってしまい、あたかもそれが事実のように認識してしまうのです。

実際に注意をされたわけでもないのに、「あの部長の機嫌が悪いのは私のせいかも」と思ったり、「取引先からメールの返信がないのは、提案内容がダメだったに違いない」とどんどん悪い方向に考えてしまうのは、あなたの思考の癖が原因かもしれません。

その思考の癖を意識して手放すことができれば、ぐっと生きやすくなるでしょう。

そのために訓練していきたいのがメタ認知です。

第2章でもお話ししましたが、メタ認知というのは俯瞰して自分を見ることです。

幽体離脱のように、第三者の視点から自分を見ている状態をイメージすると分かりやすいと思います。

たとえば、上司に怒られている時、話を真剣に聞けば聞くほど落ち込んでしまいます。

ミスをしたなら、もちろん素直に反省・改善すべきところはあるでしょうが、一方的に怒鳴るような指導は指導とは言えません。

そんな時は相手の言葉を真に受けず、状況を実況してみてください。

「井上、怒られているな」
「○○課長、またものすごく怒ってるよ」
「でも○○課長が言っていること、支離滅裂だな」

といったように一歩引いて状況を見ることができると、ダイレクトにダメージを受けずに済みます。

ミスをした時に重要なのは、落ち込むことではなく、適切に対処し、次回同じことを繰り返さないよう対策することです。

その場の空気に飲まれてパニックになってしまうと、自分のせいではないことまで自分の責任だと感じてしまったり、冷静な判断ができなくなってしまいます。

冷静さを失わないためにも、メタ認知で状況を客観的に見るトレーニングをしていきましょう。

メタ認知は、相手がいる場合だけではなく、自分の中で起こっていることにも使うことができます。

たとえば先ほど出てきたような、些細なことでとても落ち込んでしまうような場合には、

「ああー、自分はだめだ」

ではなく、

「井上は、今とても落ち込んでいますねぇ」

と、第三者になったつもりで主語を自分にして状況を説明すると、メタ認知のトレーニングになり、自分の思考の癖に気づくこともできますよ。

ストレス耐性をUPする方法

ストレスというものは、残念ながら避けられません。
何をどうやっても、誰にでも降りかかります。

ストレスに負けないメンタルというと、頑丈な折れない木のようなメンタルを想像する方が多いのですが、ストレスに強いメンタルとは、「何が来ても倒れません」というものではありません。

「とにかく耐える！」というのでは、限界がきたらポッキリ折れてしまいます。

大切なのは、何事も柔軟に受け流せる、柳の木のようなしなやかなメンタルを持つこと。

ストレスをうまく受け流し、解消するコツを身につけることで、ストレス耐性の

高いメンタルを作ることができるのです。

私が日々、クライアントさんのご相談に乗っていて実感するのは、職場の人間関係に悩む方々は「ストレスの解消方法を持っていない」方が多いということです。

そういう方たちに私たち精神科医がよく提案するのが、「ストレス解消法を100個ストックしましょう」という方法です。

100個だとかなり多いので、私の場合は50個でもいいですよ、とお伝えしています。

じっくり時間をかけていいので、ストレス解消法を50個書き出して、あなただけのストレス解消法リストを作ってみましょう。

もしあなたが餃子の王将が好きなら、

● 王将の餃子を食べる

- 王将のチャーハンを食べる

これで2つリストアップできます。

そのことを考えるだけで飛び跳ねるようなうれしさはないかもしれませんが、ちょっとウキウキする、これくらいのレベルでいいのです。

勤め先からの帰り道に王将があるなら、簡単に買いに行けますよね。

夜しか時間がとれない平日でも、さくっと実行できる小さな楽しみだからこそ、日々のストレス解消になるのです。

- お気に入りのバーやカフェに行く
- ジムで30分ヨガをする
- 好きな作家の本を買う

など、「そんなことでいいの？」というようなことで大丈夫。

むしろ、ストレスを受けて元気がなくなっている時にやることなので、エネルギーがなくてもできることがベストです。

すぐに行動できるよう、「中華料理を食べる」ではなく、「王将の餃子を食べる」のように、身近でできることを、**できるだけ細かく具体的に書き出しておくとさらにいいでしょう。**

「エジプト旅行に行く」というのもいいのですが、なかなか簡単には実行できませんよね。

ストレスは時と場所を選ばずやってくるので、このリストにはできるだけ気軽にできることを入れていきましょう。

実行するハードルが高めなこと、平日にできないことは、50個とは別に週末や休暇用にリストアップしておくといいですね。

このようにリストを作っておくのには、実は大きな理由があります。

好きなこと、楽しいこと、やりたいことというのは、すっかり疲れてストレスにまみれている時には、思いつきません。


だからそうなる前に、自分の好きなこと、気分転換になることを書き出しておき、**実際にストレスを感じたら実行するだけでいいようにしておく必要がある**のです。


「今日は企画会議がある。プレゼンで緊張するからストレス満載だ」

と感じているなら、

「プレゼンが終わって、家に帰る時に王将で餃子を買って帰ろう」

と考えることで、それだけで少しストレスを緩和させられます。


そして無事プレゼンを終え、家で餃子を食べられたとしたら、プレゼンの結果はどうあれ、「自分で決めたことを実行できた！」と自分を褒めてあげてください。

自分をいたわるというのは、こういうことです。

めんどくさい人がまわりにいてもいなくても、ストレスは誰にでもあるものです。ストレスを感じても、その都度自分をいたわることで、次第にストレス耐性は上がっていきます。

我慢するばかりでなく、ストレスをうまく受け流して、健やかな毎日を送っていきましょう。

おわりに

最後まで読んでいただきありがとうございます。ここでは、私が印象に残っているＡさんのお話をさせてください。

Ａさんは、私が産業医として訪問している企業でオフィスワーカーとして働く30代女性の従業員の方です。

Ａさんは上司との人間関係に悩んでいました。上司は、普段から命令口調で、高圧的な態度で指導をするタイプの人。Ａさんは「いつもビクビクして、とてもしんどい……」という悩みを抱えておられました。時期的な問題も重なり、配置転換などで物理的に上司と離れる対策がとれず、私と面談をすることになりました。

Ａさんも、上司自体を変えることが難しいと分かっていましたが、このままでは心身のバランスを崩してしまうかもと不安になっていました。

そこで、まずはいつまで頑張れそうか一緒に考えた結果、「半年後の異動発表まで」でした。ただその半年は、変わらずつらい期間が続くので、本書にある「あまり反応しない方法」を中心に実践してもらいました。

最初は、Aさんもかなり不安を抱えていましたが、期間を決めていたことで「どうせ、辞めるかもしれないし」という余裕のある考えを持ちながら、少しずつトライすることができるようになりました。

心が折れそうになった時もありましたが、「自分は与えられた仕事はこなせている」という信念を持ちながら、「何かあれば、パワハラの証拠にしよう」と前向きに考え、上司とは最小限のかかわりにとどめるよう注力していました。

今までは「怒られるのでは……」と思ってオドオドと顔色をうかがったり、話す時もその場を早く切り上げたい焦りから早口でした。しかし、話す時のスピードをゆっくりにすることを意識して、上司の前では精神的に余裕がある態度を心がけるようにしました。

すると上司も、Aさんに何を考えているか分からないような不気味さを感じたのか、明らかに接する時間が短くなり、ガミガミ叱責するのではなく、軽い注意程度に変わっていきました。

Aさんとしては関係性が変わってきたことに満足していた頃、約束の半年が来ました。結局人事異動はなかったので、てっきりAさんはこのまま退職するかと思いましたが、Aさんは上司とうまくやれるようになった実感があり、まだ続けることを選択。さらに、ちょうど同じ時期に在宅勤務も導入され、物理的な距離をとることもできたので、ますますAさんにとって快適な関係を保てるようになったのです。

職場での人間関係は、簡単に変えることができないからこそ、とても厄介な問題です。ただ、その厄介ごとに目をつぶって、あなただけがずっと我慢して、心身をボロボロにする必要はありません。

Aさんのように、心身の調子を崩す直前までできていても、ちょっとした考え方や振る舞いのコツを知っているだけで、ずいぶんと居心地が変わることをあなたにも経験してほしいのです。
ただ、それでも蓄積するダメージはあります。だからこそ、自分の心のケアはしっかりしてください。つらい環境で頑張っているからこそ、自分褒めてあげてください。褒めるのが苦手な場合は自分をいたわることから始めてみましょう。

最後になりましたが、たとえ医療従事者であっても、まずは自分に精神的な余裕がないと苦しんでいる人を助けることができないこと。そのためには、すべての相手にいつも100%の力でぶつかる必要はなく、うまくかわすことの大切さを教えてくださった国分病院の木下秀夫先生に深く感謝申し上げます。

令和3年12月

井上智介

井上 智介（いのうえ ともすけ）
島根大学医学部を卒業後、現在は産業医・精神科医・健診医の3つの役割を中心に活動している。産業医としては毎月30社以上を訪問し、精神科医としては外来でうつ病などの精神疾患の治療にあたっている。その一方で、多くの人に【おおざっぱに笑ってラフに生きてほしい】という思いを込めてブログやTwitterなどでも積極的に情報発信を行っている。著書には『ストレス社会で「考えなくていいこと」リスト』（KADOKAWA）や『職場の「しんどい」がスーッと消え去る大全』（大和出版）などがある。

「あの人がいるだけで会社がしんどい……」がラクになる
職場のめんどくさい人から自分を守る心理学

2021年12月30日　初版第1刷発行
2022年4月25日　　第4刷発行

著　者――井上智介　
発行者――張 士洛
発行所――日本能率協会マネジメントセンター
〒103-6009 東京都中央区日本橋2-7-1　東京日本橋タワー
TEL 03(6362)4339(編集)／03(6362)4558(販売)
FAX 03(3272)8128(編集)／03(3272)8127(販売)
https://www.jmam.co.jp/

装丁･本文デザイン――山之口正和＋沢田幸平（OKIKATA）
カバーイラスト――くにともゆかり
本文イラスト――村本ちひろ
本文ＤＴＰ――株式会社森の印刷屋
印刷・製本――三松堂株式会社

ISBN 978-4-8207-2972-3　C0011
落丁・乱丁はおとりかえします。
PRINTED IN JAPAN